"十三五"国家重点出版物出版规划项目

诺贝尔经济学奖获得者丛书
Library of Nobel Laureates in Economic Sciences

风险、货币
与通货膨胀

Milton Friedman on Economics:
Selected Papers

米尔顿·弗里德曼（Milton Friedman） 著

加里·贝克尔（Gary Becker） 后记

林 江 贾淯方 译

张永军 校

中国人民大学出版社
·北京·

校者序言

    作为中国人民大学出版社诺贝尔经济学奖获得者丛书之一的米尔顿·弗里德曼的经济学文选——《风险、货币与通货膨胀》的中译本即将出版，这是一项很有意义的工作。

    在此书出版之前，国内已经出版过米尔顿·弗里德曼的多部著作，如《弗里德曼文萃》《货币数量论研究》《价格理论》《消费函数理论》《自由选择》等。这些书大多已售罄。而且，本次出版的《风险、货币与通货膨胀》一书，其中一些论文是首次以简体中文形式在中国境内出版，便于相关领域的学者阅读，以更加全面地了解以弗里德曼为重要代表的货币学派的理论。同时，在笔者看来，本书出版的价值还在于其对宏观经济政策的意义。

一、货币学派的理论框架及其对西方经济学的贡献

    货币学派之所以具有生命力，主要原因在于该学派在理

论上的创见。在笔者看来，货币学派对西方经济学的理论贡献主要体现在以下几个方面：

一是复兴了传统货币数量论。根据约翰·M. 凯恩斯在《就业、利息和货币通论》中的论述，传统货币数量论仅仅把货币当作交易的媒介物。一旦人们把货币视为一种资产并把一部分收入以货币形式贮藏起来，传统的货币数量论就难以成立。因为作为储备资产的货币的数量与利率相关，尤其是当利率降低到一定程度时，人们对货币的持有足以把经济体系中新增加的全部货币吸收掉。这就是凯恩斯所谓的陷入流动性陷阱的情况。在陷入流动性陷阱的情况下，货币供应量增加并不能够导致利率的下降，货币政策对于恢复充分就业均衡几乎没有什么效果。为了反击凯恩斯对货币数量论的攻击，弗里德曼 1956 年首先通过对货币数量论进行重新表述论证，即使在货币作为一种储备资产的情况下，货币需求函数仍然是稳定的，从而为货币数量论奠定了更加全面的理论基础。

弗里德曼重新表述的货币数量论，考虑到了货币作为一种储备资产的情况，也包含着在此情况下货币供应量变化对经济的影响机制的论述。其核心观点是：人们拥有的全部财富在各种资产之间的分配情况，取决于各种资产的相对收益率。假设在初始均衡状态下，财富在各种资产之间的分配使得各种资产的边际收益率相等。在货币管理当局增加货币供应后，随着货币资产持有量的增多，货币的购买力就会相对下降，货币的边际收益率将下跌，追求最大效用的个人便会在不同资产之间重新分配财富，超额货币余额就会被转换成金融资产和实物资产。经过多次这样反复的调整，直到重新构成新的资产组合从而使得各资产的边际收益率再次相等。在这一调整过程中，实物产品的价格上升，这会对生产起到促进作用。当货币紧缩时，就可能导致金融资产和实物资产价格的降低，货币的边际收益率上升，人们就会将金融资产和实物资产转换成货币资产，这就会对生产起到减缓作用。

由以上描述我们可以看出，弗里德曼重新表述的货币政策传导机制与传统货币数量论的传导机制是不同的。按照传统货币数量论，当经济环境发生变化时，人们会对自己持有的实际货币余额的数量进行调整，这种调整机制使得价格水平和货币存量保持一种稳定关系。按照弗里德曼重新表述的货币政策传导机制，由于货币不仅仅起到交易媒介的作用，它还成为贮藏财富的一种形式，因此，货币需求量不仅与收入及价格相关，还与各种资产的收益率及其分布结构相关。

二是通过构造不同于凯恩斯的消费函数，论证经济体系的内在稳定性，从而说明财政政策的乘数效应对于扩大社会总需求、增加就业的功效不像凯恩斯所说的那么明显。如上所述，凯恩斯曾经提出，在陷入流动性陷阱的情况下，货币供应量增加并不能够导致利率的下降，货币政策对恢复充分就业均衡几乎没有什么效果。这时需依靠扩大财政支出、增加投资来扩大社会总需求、增加就业。财政政策的有效性还因乘数效应而更受青睐。

为了反击凯恩斯所提出的挑战，弗里德曼提出了持久收入假说，并在此基础上建立了其消费函数理论。持久收入假说的关键是考虑到了人们收入的不稳定性与人们需要相对稳定的消费水平之间的矛盾。因此，为了保持相对稳定的消费水平，人们不仅要根据现期收入选择消费水平，还要根据对未来收入的预期进行选择。这样，人们就要估算一个使消费水平保持相对稳定的收入水平作为持久收入水平。当现期收入水平高出持久收入水平时，他就进行储蓄；而当现期收入水平低于持久收入水平时，他就动用储蓄以保持消费水平的相对稳定。因此，弗里德曼将人们的收入分为持久收入和暂时收入两个部分，相应地，人们的消费也分为持久消费和暂时消费两个部分，持久收入和持久消费之间存在稳定的比例关系，而持久收入与暂时收入、持久消费与暂时消费、暂时收入与暂时消费之间均不存在稳定的关系，

这样，按凯恩斯的说法，当经济萧条时，国家采取扩大财政支出的办法来刺激经济，这种办法因乘数效应而可以取得较好的效果。但按弗里德曼的持久收入假说，当前消费中的大部分（持久消费）与当前收入无关，只有较小部分（暂时消费）可能受到当前收入的影响。由于财政政策增加的是当前收入，因此，只可能增加一部分暂时消费，而消费的大部分仍保持平稳，这就使得乘数效应的作用大大降低。

在弗里德曼对消费函数的分析中，当期消费与当期收入常常是不一致的，收入与消费之间的差额由储蓄来弥补。相应的问题是，这些储蓄采取什么样的保存形式，其中有多大部分采取货币的形式来保存。弗里德曼正是通过将货币作为保存财富的一种形式来展开对货币需求的分析的，从而使得其货币理论和消费函数理论保持一致。在本书的论文中，弗

里德曼通过对风险、不确定性和预期效用的分析，增强了其持久收入假说和消费函数的理论基础。

三是拓展了就业和货币数量论之间的关系。通过对货币数量论进行重新表述，弗里德曼论证了这样一种观点：即使把货币作为一种储备资产，货币数量论依然能够成立。传统的货币数量论认为货币是中性的，即货币数量只影响价格水平，但对实际产出没有影响。而根据 1958 年 A. W. 菲利普斯发表的著名论文《1861—1957 年英国货币工资率的变化率与失业之间的关系》（The Relationship between Unemployment and the Rate of Change of Money Wage Rates in the United Kingdom, 1861 - 1957），货币工资变化率与失业率之间存在关系，这就是后来宏观经济学中经常提到的菲利普斯曲线。根据菲利普斯曲线，货币显然是非中性的。如何调和货币中性的传统观点与货币非中性的统计事实，就成了货币主义者所必须解决的问题。

为此，弗里德曼首先定义了一种所谓自然失业率，在此基础上分析货币供应量变化对失业率的影响。弗里德曼对此的分析过程是：雇主和雇员之间工资合约的签订是分段进行的。在签订工资合约时，雇主和雇员都试图确定一个适当的实际工资水平。这就要求对工资合约有效期内的通货膨胀率进行预测，然后把预期的通货膨胀率考虑在内，确定一个适当的货币工资水平。因此，弗里德曼用预期的通货膨胀率 Pe 扩展了原始的菲利普斯曲线，把预期的通货膨胀率 Pe 作为决定货币工资率的一个附加变量，构成所谓附加预期的菲利普斯曲线。预期的通货膨胀率 Pe 并不一定等于实际通货膨胀率 P，当实际通货膨胀率高于预期的通货膨胀率时，实际工资就偏低，雇主就会多雇用工人，因此失业率就会降低。相反，当 Pe 低于 P 时，实际工资就偏高，雇主就会少雇用工人，因此失业率就会上升。只有当预期的通货膨胀率碰巧等于实际通货膨胀率时，失业率才会稳定在所谓自然失业率的水平上。

这里的关键问题是雇主和工人关于通货膨胀率的预期是如何形成的。货币学派假定通货膨胀率预期的形成机制是适应性的，因此预期的通货膨胀率一般会低于实际通货膨胀率。这样当货币当局增加货币供应量时，由于人们根据以前的情况预期价格仍将保持稳定，而且价格和名义工资已经按照这种预期设定好了，因此，这时实际工资就偏低，企业就会通过增加产量来对需求的扩大做出反应，在职雇员会延长劳动时间，失业者会按照现有的工资水平参加工作。因此，需求的增加主要以产量和就业增加的形式表现出来，而价格基本上不出现上涨。上述状况持续一段时间后，一些产品的价格开始上升，随着时间的推移，价格总水平开始出现上升，从而导致实际工资水平的下降。当工人们认识到这一点后，他们就会要求较高的名义工资。同时由于存在着对劳动力的过度需求，因而实际工资开始上升，逐渐接近初始水平，从而会使失业率降低，恢复到自然失业率水平。

以弗里德曼为代表的货币学派将预期引入经济学理论（这其中也有其他经济学家的贡献，如埃德蒙·费尔普斯），不仅增强了其自身的理论基础，而且引发了宏观经济学中的理性预期革命，可见其对宏观经济学发展的贡献和影响力。

二、货币学派的框架对分析当前美国的通货膨胀依然有效

本书中五篇论文的内容涉及货币供求及其与通货膨胀、失业的关系。作为货币学派的开创者，米尔顿·弗里德曼通过大量研究（有些是与安娜·施瓦茨等人合作进行的）揭示了美国经济总产出、价格总水平、失业率等重要变量与货币供应量之间的关系。按照弗里德曼等人对美国货币史的分析，一般美国货币供应量变化后，12~16个月后就会对经济和价格产生影响，货币数量增加既可能会导致产出增加，也可能会引起物价水平的变化。从美国等发达国家的经济史来看（虽然关于货币供应量变化引起通胀的经验总结受到一些国家某些时段发展经验的反驳），货币供应量增速的大幅度提升，特别是明显高出实际GDP增速，往往会引起通胀的攀升。这些研究成果至今对分析美国经济走势、制定宏观经济政策仍然有重要参考价值。

自2022年以来，世界经济领域最受关注的一个问题就是美欧出现严重的通货膨胀。依据美国劳工统计局发布的消费者价格指数（CPI）数据，2022年1—11月美国CPI同比涨幅连续11个月超过7%，不少月份创出40年来新高。美国出现如此高的通胀的根本原因是美元大量超发。这一轮美国通胀的变化也符合其历史经验规律。美国此轮货币增速的明显提升始于2020年3月，该月基础货币的同比增速从2020年2月的3.0%提高到2020年3月的14.8%，狭义货币M1的同比增速从2020年2月的6.2%提高到2020年3月的14.2%，广义货币M2的同比增速从2020年2月的6.8%提高到2020年3月的10.2%；美国CPI同比涨幅的明显提升出现在一年之

后的 2021 年 3 月，从 2021 年 2 月的 1.7％提高到 2021 年 3 月的 2.6％，明显超过美联储确定的 2％的阈值；2021 年 4 月快速上升到 4.2％，已经属于比较严重的通胀。自 2021 年 5 月以来，美国 CPI 连续 19 个月维持在 5％以上。从货币与价格变化两者时间差的长度看，符合从货币到价格传导滞后 12 个月左右的规律，仍然能够印证弗里德曼等人关于货币迟滞效应的结论。

从价格上涨幅度来看，美国这次通胀如此严重，与美国基础货币、M1、M2 三者增速快速攀升密切相关。2020 年 3—5 月基础货币环比增长 12.41％、24.77％、6.29％，M1 环比增长 8.83％、13.09％、233.38％，M2 环比增长 4.37％、6.51％、3.89％；2020 年 5 月至 2021 年 3 月，美国 M1 月度同比增速维持在 300％以上，M2 月度同比增速维持在 20％以上。正是由于货币供应量持续大幅攀升，而且大部分形成流动性较强的 M1，从 2021 年 5 月开始，美国 CPI 同比突破 5％，此后一直在 5％以上的高位上运行，并且出现了物价与工资的螺旋式上涨，通胀进入高速通道。

自 2022 年以来，美联储为抑制严重的通货膨胀，多次采取急剧加息的政策举措，同时辅之以收缩资产负债表的措施，但到 2022 年底仍然未能使得通货膨胀率出现明显下降。在笔者看来，其中一个重要原因可能在于美联储在 2020—2021 年期间释放的货币供应量太多，美联储收缩资产负债表的措施力度不够大，美国至今没有将（相对于交易需求而言）多余的货币消化掉。近期美联储收缩资产负债表的措施已经开始显现效果，后期美国价格总水平变化的情况将再次对货币与总产出、价格总水平进行检验，也将验证货币学派在 21 世纪的解释力。我们对此拭目以待！

中国国际经济交流中心副总经济师　**张永军**

2023 年 2 月

目　　录

通货膨胀和失业问题 *

米尔顿·弗里德曼

在瑞典银行于 1968 年设立了经济学奖以纪念阿尔弗雷德·诺贝尔的时候，在科学家和大众中间普遍存在对将经济学视为与物理学、化学和医学位于同一水平是否合适的怀疑——正如现在依然存在的那样。物理学、化学和医学都被认为是"精密科学"，其中要求具有客观性、累积性和权威性的知识。经济学和它的伙伴社会科学常被认为是哲学的分

---

　* 我非常感谢以下人员对本书初稿的有益评论：加里·贝克尔（Gary Becker）、卡尔·布伦纳（Karl Brunner）、菲利普·卡甘（Phillip Cagan）、罗伯特·戈登（Robert Gordon）、阿诺德·哈伯格（Arnold Harberger）、哈里·G. 约翰逊（Harry G. Johnson）、S. Y. 李（S. Y. Lee）、詹姆斯·洛西恩（James Lothian）、罗伯特·E. 卢卡斯（Robert E. Lucas）、戴维·迈泽尔曼（David Meiselman）、艾伦·梅尔策（Allan Meltzer）、何塞·沙因克曼（José Scheinkman）、西奥多·W. 舒尔茨（Theodore W. Schultz）、安娜·J. 施瓦茨（Anna J. Schwartz）、拉里·史佳斯达德（Larry Sjaastad）、乔治·J. 斯蒂格勒（George J. Stigler）、斯文-伊万·松德奎斯特（Sven-Ivan Sundqvist）以及芝加哥大学货币与银行研讨会的参与者。我也非常感谢我的妻子罗斯·弗里德曼（Rose Friedman），她参与了论文准备的每一个阶段。也非常感谢我的秘书助理格洛丽亚·瓦伦丁（Gloria Valentine），她的表现超出了职责范围。

支，而不是被恰当定义的科学；它们自开始就摆脱不了价值判断，因为它们对应的是人的行为。难道社会科学（学者正在分析自己和他们的同胞的行为，而他们的同胞又反过来观察和理解学者所说的话）不需要跟物理学和生物学完全不同的调查研究方法吗？难道我们不应该用不同的标准来评判它们吗？

一、社会科学与自然科学

我自己从来没有接受过这个观点。我相信它表现出来的是一种误解，而不是社会科学以及自然科学的特性和可能性。这两者都没有"明确"的实质性知识，而只有永远不能够被"证明"但又无法被拒绝的待验证假说，我们对这些假说或许有或多或少的信心，这取决于如下特征：一是相对于自身的复杂性以及其他替代假说，它们所涵盖的经验的广度；它们躲开了可能的拒绝情形的数量。在社会科学和自然科学这两者中，通过待验证的假说无法预言它们声称可以解释的现象，但通过不断完善这一假说直到有人提出可以以更加简洁、优雅的方式解释让人犯难的现象的新假说，实证知识得以扩充。对于这两者而言，实验有时候可行，有时候又不可行（以气象学为例）。对于这两者而言，没有任何实验是完全受控的，经验往往提供了等同于受控实验的证据。此外，对于这两者而言，都不可能存在一个独立的封闭系统，也不可能避免观察者和被观察者之间的相互干扰。数学中的哥德尔定理、物理学中的海森堡不确定性原理、社会科学中的自我实现（self-fulfilling）或自我挫败（self-defeating）的预言都是这些局限性的例证。

当然，不同的自然科学研究各自不同的主题，它们有着不同的证据来源（例如，相比于自然科学，内省对社会科学而言是更重要的证据来源），找出哪种分析技术最有用，同时它们也在预测正在研究的现象上有着不一样的成功之处。但是，物理学、生物学、医学、气象学相互之间的差异和它们与经济学之间的差异同样都是巨大的。

即使是将价值判断与科学判断区分开这个难题也不是社会科学特有的。我清楚记得在剑桥大学某个学院吃的一顿晚餐，那时我坐在一位经济学家和伟大的数学统计学家兼遗传学家罗纳德·A. 费希尔（Ronald. A. Fisher）中间。我的这位经济学家同行告诉我，他曾经指导过一名参与研究工会影响的劳动经济学的学生，评论道："非常肯定的是，X 先生（持不同政治观点的另一位经济学家）不会对工会这样的事情表示同意的。"我的同行把这样的事情看作是经济学的一个大问题，因为它说明了无价值的实证经济学是不存在的。我转向罗纳德爵士，并询问他这样的情况是否真的是社会科学所独有的。他很激动地回答"不是"，并继续讲述了一个又一个关于他如何可以准确地从政治观点中推演出遗传学观点的故事。

我的一位老师韦斯利·米切尔（Wesley C. Mitchell）给我讲述的关于如下问题的一个基本原因让我印象深刻：为什么学者们充满动力地去追求不受价值观影响的科学，无论他们的价值观如何，也无论他们有多么强烈的要传播及发展这些价值观的动机？为了推动一项行动来实现某一目标时，我们首先要知道这项行动是否真的能达成目标。能让我们预测可能的行动方案所带来的后果的实证性的科学知识是做出该行动方案是否合意的规范性判断的先决条件。而"通往地狱的不归路"上充满了善意，原因也正是忽略了这明显的一点。

这一点在经济学中尤其重要。今天，世界上许多国家正经历着具有社会破坏性的通货膨胀、异常高涨的失业率以及经济资源的滥用。在某些情况下，不是因为心怀叵测的人想要去镇压人的自由，也不是因为公众的价值观存在差异，而是因为人们对政府所做的举措做出了错误判断：原则上，基本这些错误都可以通过实证经济学的发展来纠正。

相比于抽象地追踪这些想法（我已经在 Friedman［1953］中更详细地探讨了方法论的问题），我将通过讨论一个特定的经济问题来说明经济学的实证性，这个问题也是在战后时期一直被经济学界主要关注的问题，即通货膨胀与失业问题之间的关系。这个问题是一个非常好的例证，因为在整个战后时期这都是一个有争议的政治问题，但是被接受的专业观点发生了巨大的转变，而这主要是由对与待验证假说相矛盾的经验事实的科学回应导致的——这恰恰也是科学假说修正的一个经典过程。

在此，我不能就围绕这个问题进行的工作或导致假说修正的事实证据进行详尽的回顾。我只能够浮光掠影地略览其貌，希望能够传达相关工作及证据材料的大致意思，同时指出需要进一步研究的主要事项。

有关通货膨胀与失业问题之间关系的专业性的争议与有关货币、财政和其他因素在影响总需求方面的相对作用的争议密切相关。一个问题涉及名义总需求的变化，无论它是如何产生的，是怎样对就业和价格水平产生影响并展开的；另一个问题则涉及这些因素如何解释名义总需求发生的变化。

这两个问题是密切相关的。名义总需求变化对就业和价格水平的影响可能与变化的根源不是相互独立的；相反，货币、财政或其他力量对名义总需求的影响可能取决于就业和价格水平的反应。一个全面的分析显然能够清楚地同时解决这两个问题。然而，它们之间还是存在相当大的独立性的。大致上来说，对就业和价格水平的影响可能仅取决于名义总需求的变化幅度，而不是依赖于其根源。在今天，有关这两个问题的专业观点是与二战之后的观点大相径庭的，因为经验与暂时被接受的假说相矛盾。其中任何一个问题都可以说明我的主要论点。我只选择解决其中的一个问题，以此保证这场讲座是在一个合理的范围内的。我选择了其中一个，即通货膨胀和失业问题之间的关系，因为比起早些时候我针对导致名义总需求产生变化的因素所做的工作，最近的事实经验让我对我早些时候在这个问题上所做的工作的适当性感到不太满意。

二、阶段1：负斜率的菲利普斯曲线

自二战结束以来，有关通货膨胀与失业关系的专业分析已经经历了两个阶段，而现在进入了第三个阶段。阶段1是人们接受菲利普斯（Phillips，1958）的一个假设，即失业水平与工资变动率之间存在稳定的负相关关系——高失业率伴随着工资下降，工资上涨导致失业率降低。工资变化又与价格变动有关，因为生产力的长期增长以及价格过高对工资成本的影响是由相对平稳的加成因素决定的。

图1对这个假说进行了阐述,我遵循了直接将失业率与价格变动关联起来的标准做法,将中间步骤中的工资忽略了。

这种关系被广泛认为是一种因果关系,为政策制定者提供了一个相对稳定的权衡。他们可以选择一个低失业目标,如U_L。在这种情况下,他们必须接受通货膨胀率A。如何选择可以实现U_L所需的名义总需求水平的措施(货币、财政或其他)的问题依然存在,但如果这个问题解决了,就不用担心维持失业和通货膨胀的组合的问题了。此外,政策制定者可以选择低通货膨胀率甚至通货紧缩作为其目标。在这种情况下,他们必须适应更高的失业率:U_0对应零通货膨胀,U_H对应通货紧缩。

经济学家随即忙于从来自不同时期、不同国家的证据中提炼出如图1所示的描述,消除无关因素的干扰,并弄清工资变动与价格变动之间的关系等。此外,他们从通货膨胀和失业两方面探讨社会利益和损失,以此来做出"正确的"权衡。

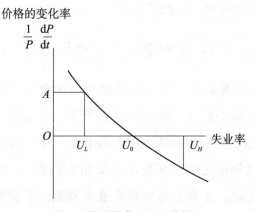

图1 简单的菲利普斯曲线

不幸的是，额外的证据并没能证实这个假设。菲利普斯曲线关系的实证预测结果不能令人满意。更重要的是，看上去与特定的失业水平相一致的通货膨胀率似乎并不保持固定：在二战后的环境下，当各国政府正在谋求促进"充分就业"时，所有国家的通胀水平都随着时间的推移而上升，最终各国之间的差异也将急剧增大。另外，早先被与低失业率相联系的通货膨胀率与高失业率同时出现了。高通货膨胀率与高失业率并存的现象越来越受到公众和专业人士的注意，并得到了"滞胀"这个不讨喜的标签。

我们当中的一些人从一开始就对稳定的菲利普斯曲线的有效性持怀疑态度，我们的怀疑主要是基于理论理由而非实证理由（Friedman，1966a，1966b；1968a，1968b）。我们认为，在谈论到工资时，我们考虑的不是以美元、英镑或克朗计算的工资，而是能购买多少商品和服务的实际工资。低失业率的确意味着对更高实际工资的压力，但即使名义工资较低，如果价格仍然较低，实际工资也可能很高。同样地，高失业率的确意味着对更低实际工资的压力，但即使名义工资较高，如果价格仍然较高，实际工资水平仍然可能较低。

因此，没有必要假设一条稳定的菲利普斯曲线，来解释通货膨胀的加速上升削减就业这一明显的倾向。这可以通过**非预期的**名义需求变化对市场的影响来解释，其特征在于在资本和劳动方面（隐含或明确）的长期投入。长期的劳动投入可以通过雇主获取雇员信息的成本来解释，以及通过员工的替代性就业机会及使员工对特定雇主的价值随着时间的推移而增长，并超越对其他潜在雇主的价值的特定的人力资本来解释。

只有突发事件才是重要的。如果每个人都预期价格会上涨，比如每年上涨 20％，那么这个预期将体现在未来的工资（和其他）合同中，这样的话，实际工资就会像每个人都预测没有价格上涨时一样地运动，而且没有理由将 20％ 的通货膨胀而不是零通货膨胀与不同的失业率联系起来。非预期的变化带来的结果是非常不同的，特别是在长期投入的情况下，这本身就是由知识的不完全导致的，且这些知识的影响会随着时间的推移而扩散和传播。长期投入意味着：首先，没有即时的市场出清（如易腐食品的市场），只是价格和数量对需求或供给变化的滞后调整（如在房屋租赁市场那样）；其次，投入不仅取决于目前的可观察价格，而且取决于在整个承诺期内预期将会上涨的价格。

三、阶段 2：自然率假说

按照这个思路，我们［特别是 Phelps（1967，1970）和 Friedman（1968b）］建立了一种替代假说，用以区分名义总需求意外变化所导致的短期和长期影响。例如，从某一稳定点出发，名义总需求发生意料之外增长的影响。这对每一个生产者的产品来说都将会是意料之外的有利需求。因为在不同产品的相对需求总是发生变化的环境里，他不知道这种变化对他来说是特殊的还是普遍的。对他而言，至少将其部分解读为特别的需求变化，增产并寻求以高于预期市场价格的价格来将未来产出售出是比较理性的。他因此愿意以比以前更高的名义工资来吸引额外的工人。对他来说重要的实际工资是以他的产品的价格计价的，而这一价格比以前上涨了。因此，较高的名义工资对他而言可能意味着较低的实际工资。

而对于工人而言，情况是不一样的：对他们来说，工资的购买力不在于他们所生产的特殊商品，而在于所有的一般商品。他们和他们的雇主都有可能慢慢地调整对一般价格的感知，因为获得这一感知的信息成本要比获得对他们生产的特定商品的价格的感知的成本更高。因此，工人的名义工资上涨可能被认为是实际工资的上涨，它们由此引起供给同时上升；而雇主认为此时实际工资下降，进而提供更多的就业机会。若以所感知的未来价格的平均值表示，实际工资会较低；而若以所感知的未来的平均价格表示，实际工资则较高。

但这种情况是暂时的：如果让名义总需求和价格上涨持续，人们的认知将会调整以适应现实情况。当他们这样做的时候，初期的影响将会消失，甚至在一段时间内会被扭转，因为工人和雇主会发现他们被不合时宜的合同束缚住了。最终，就业将会回到与经历假定的意外增长之前的名义总需求相对应的水平。

这个替代假说可以由图 2 表示。除了作为特定的预期或被感知的通货膨胀率之外，每一条如图 1 所示的负斜率曲线都是菲利普斯曲线；它们被定义为被感知的平均价格的变动率，而不是个别价格变动率的平均值（对第二个概念而言，曲线的顺序是相反的）。从 E 点开始，让通货膨胀率无论由于什么原因从 A 点向 B 点移动并停留在 B 点。按照预期通货膨

胀率 $\left(\frac{1}{P}\frac{\mathrm{d}P}{\mathrm{d}t}\right)^{*}$ 定义的曲线，失业率也从初始点降低至 F 点所对应的 U_L 处。随着预期的调整，短期曲线将向上移动，最终到达预期通货膨胀率 B 所定义的曲线处。同时，失业率将逐渐从 F 点转移到 G 点（更充分的探讨，请见 Friedman [1976]，第 12 章）。

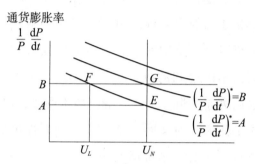

图 2 预期调整后的菲利普斯曲线

当然，这个分析过于简化了。它单纯地假设了一个意料之外的变化，但是事实上会有一连串的意料之外的变化发生；它并没有明确地对滞后、过度调整或形成预期的过程进行讨论，但它确实突出了重点：重要的其实不是通货膨胀本身，而是意料之外的通货膨胀；通货膨胀与失业问题之间没有确定的权衡交替的关系；"自然失业率"（U_N）是与真实因素和人们的精确感知能力相联系的；只有在出现加速通货膨胀时，失业率才能保持在这个水平以下；或者，在出现加速通货紧缩时，失业率才能保持在这个水平之上。

我是对照克努特·维克塞尔（Knut Wicksell）的"自然率"一词引入"自然失业率"的，这并不是一个数值常数，但依赖于"真实"而非货币性因素——劳动力市场的有效性、竞争或垄断的程度、对各类职业的障碍或鼓励措施等等。

例如，美国的自然率持续明显上升，主要有两个原因。首先，妇女、青少年和兼职人员在劳动力市场中占据的比例越来越大。在就业方面，这类人群比其他工作人员的流动性更大，他们频繁地进出劳动力市场且频繁地更换工作。因此，他们往往会经历更高的平均失业率。其次，为失业人员提供的失业保险和其他形式的援助在很大程度上被提供给了更多类别的工人，且持续时间更长、金额也更多。失去工作的工人在寻找别的工作时压力相对较小，倾向于等待更长的时间，希望能够（而这通常也能实现）重新找回原来的工作，因此，他们在考虑替代情况时也更加挑剔。此外，失业保险的可获得性使其待在劳动力队伍中更具吸引力，其自身也可以刺激劳动力占人口百分比的增长及其构成的改变。

美国和其他国家都应该更全面地对自然失业率的决定因素进行分析，也应该对所记录的失业人数的含义以及其和自然率之间的关系进行分析。对于公共政策而言，这些问题都是至关重要的。然而，它们对于我当前有限的目的来说是次要的。

对公共政策而言，就业状况与经济效率或生产力水平之间的联系是另一个非常重要的问题，但对于我目前的研究目的而言只是一个次要问题。眼下有这样一种倾向，它理所当然地认为所记录的高水平的失业率是资源使用效率低下的证据，反之亦然。这个观点是严重错误的。较低水平的失业率可能是强压经济（forced-draft economy）的一种表现，这种情况下资源的利用率低下，且使工人错误地相信他们的实际

11

工资将比之后被证实的更高，从而致使他们牺牲空闲时间去生产产品。或者说，较低水平的自然失业率的背后可能是缺乏弹性的制度安排。在高度静止和僵化的经济体中，每个人的工作位置可能都是不变的；而在一个动态的、高度发展的经济体中，不断变化的机会将被提供以促进经济灵活性，且在此之中自然失业率可能较高。以下例子说明了相同的自然失业率是如何对应于迥异的具体状况的：在1950—1970年期间，日本和英国的平均失业率都很低，但日本经济经历了快速增长，而英国经济停滞。

"自然率的"或"加速主义的"或"经预期调整的菲利普斯曲线"假说——它被赋予不同的名称——已经被经济学家广泛接受，虽然绝非全部接受。一些经济学家仍然紧抓着最初的菲利普斯曲线不放；更多的经济学家认识到了短期曲线和长期曲线之间的差异，但把长期曲线看作是负斜率的，只是比短期曲线更陡峭；一些经济学家用通货膨胀的加速与失业之间的稳定关系来替代通货膨胀与失业之间的稳定关系，然而，他们知晓但并不为与促使他们转向二阶导数相同的逻辑会将他们推向更高阶导数的可能所困扰。

目前，不少经济研究专门探索阶段2的各个方面——这一过程中的动态变化、预期的形成以及系统性政策的类型，还有那些对真实量度产生可预期的影响的因素，如果存在的话。我们可以期待这些问题的解决能有更快的进展。特别值得一提的是在"理性预期"上所做的工作，特别是约翰·穆斯（John Muth）、罗伯特·卢卡斯（Robert Lucas）和托马斯·萨金特（Thomas Sargent）所做出的创造性贡献；参见

Muth（1961）和 Gordon（1976）。

四、阶段 3：正斜率的菲利普斯曲线？

虽然阶段 2 远未得到充分探索，更不用说充分吸纳进经济学文献了，但事情的进展已经演进到了阶段 3。近年来，更高的通货膨胀率往往伴随着更高而不是更低的失业率，且一般会长达几年之久。此时，简单的统计上得出的菲利普斯曲线似乎呈现正斜率，而不是垂直的。阶段 3 就是针对这一显著的实证现象的。为此，我认为这要求分析中必须包含经济体验和政治发展的相互依存关系。至少，一些政治现象不被作为独立变量——计量经济学术语中的外生变量——而是作为自身由经济事件决定的内生变量（Gordon，1975b）。阶段 2 受到的过去几十年经济理论发展的影响有两大方面：第一方面，由乔治·斯蒂格勒（George Stigler）首创的对不完全信息和信息获取成本的分析；第二方面，由加里·贝克尔（Gary Becker）率先提出的人力资本在确定劳动合同形式方面所起的作用。我认为在很大程度上，阶段 3 将受到第三大发展的影响——经济分析在政治行为中的作用，其中斯蒂格勒和贝克尔以及肯尼思·阿罗（Kenneth Arrow）、邓肯·布莱克（Duncan Black）、安东尼·唐兹（Anthony Downs）、詹姆斯·布坎南（James Buchanan）、戈登·图洛克（Gordon Tullock）等人已经做出了开创性的工作。

通货膨胀与失业之间显著的正相关关系一直是政府决策者极为关切的问题。让我来引用英国首相詹姆斯·卡拉汉（James Callaghan）的最近一次演讲："我们曾经认为，可以通过减税和增加政府支出来摆脱经济衰退以及增加就业机会。坦率地讲，这个选择已经不会再出现了，因为它一旦存在，更严重的通货膨胀将会出现在经济当中，而后紧跟着的是更高的失业率。这也是过去 20 年所发生的事"（1976 年 9 月 28 日于工党会议上的演讲）。

加拿大政府发布的白皮书当中也表达了同样的看法："特别是在北美地区，持续的通货膨胀将会伴随着不断上升的失业率"［《未来之路：一个讨论框架》（The Way Ahead：A Framework for Discussion），加拿大政府工作论文，1976 年 10 月］。

这些声明都是非常值得人们注意的，它们也同时直接违反了几乎所有西方政府在战后期间采取的政策。

A. 一些证据

近二十年来更系统的证据已在表 1、图 3 和图 4 中呈现，其中展示了过去二十年来七个工业化国家的通货膨胀率和失业率。根据表 1 中展示的五年平均值，通货膨胀率和失业率呈相反走势——在前两个五年（1956—1960 年和 1961—1965 年）之间，七个国家中的五个产生了预期的简单菲利普斯曲线效果；在第二和第三个五年（1961—1965 年和 1966—1970 年）之间，七个国家中只有四个国家出现了这个走势；而在最后两个五年之间（1966—1970 年和 1971—1975 年）之间，只有一个国家达到了这个效果。甚至连意大利这个例外国家也不是真正的例外。诚然，尽管通货膨胀率翻了三倍多，但从 1971 年到 1975 年，平均来说失业率还是比过去五年要低。不过，自 1973 年以来，通货膨胀率和失业率均显著上升。

表1

1956—1975年七国的通货膨胀率和失业率；连续五年的均值（%）

年份	法国		联邦德国		意大利		日本		瑞典		英国		美国		七国简单均值	
	DP	U	DP	U	DP	U	DP	U	DP	U	DP	U	DP	U	DP	U
1956—1960	5.6	1.1	1.8	2.9	1.9	6.7	1.9	1.4	3.7	1.9	2.6	1.5	2.0	5.2	2.8	3.0
1961—1965	3.7	1.2	2.8	0.7	4.9	3.1	6.2	0.9	3.6	1.2	3.5	1.6	1.3	5.5	3.7	2.0
1966—1970	4.4	1.7	2.4	1.2	3.0	3.5	5.4	1.1	4.6	1.6	4.6	2.1	4.2	3.9	4.1	2.2
1971—1975	8.8	2.5	6.1	2.1	11.3	3.3	11.4	1.4	7.9	1.8	13.0	3.2	6.7	6.1	9.3	2.9

注：DP 是 1955—1960 年、1960—1965 年、1965—1970 年和 1970—1975 年每年复合计算的消费价格的变化率；U 是相应各年的平均失业率。因此，DP 在时间上早相应的 U 半年。

图 3 所示的所有七个国家的平均值更清楚地显示了从负斜率的简单菲利普斯曲线向正斜率曲线的转变。这两条曲线在前两个五年期间的方向是相反的，之后的方向则相同。

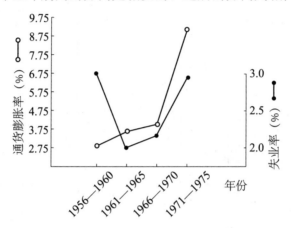

图 3　1956—1975 年，每五年的通货膨胀率和失业率；七国简单平均

图 4 所示的年度数据说明了一个类似的但更容易被混淆的故事。在较早的年份，价格与失业之间的关系在不同国家间存在着巨大差异，像在意大利，从根本上来说它们并没有关系；而在英国和美国，它们则有着相当明确的年度同期负相关。然而近年来，法国、美国、英国、联邦德国和日本的通货膨胀率和失业率都明显上升，但相比于其他国家，日本的失业率上升幅度远远小于通货膨胀率上升幅度，这反映了在日本不同制度环境下失业的不同含义。只有瑞典和意大利的情况不符合总体格局。

当然，这些数据最多是提示性的。我们没有真正拥有七个独立的数据总体。共同的国际影响因素影响着世界上的全部国家，因此，即使国家的数量增多，证据的数量也不会成比例增加。尤其是石油危机同时影响到了所有七个国家。无论危机对通货膨胀率带来怎样的影响，它都直接破坏了生产过程，并且增加了失业率。任何此类的增长都不能被认为是由随之而来的加速的通货膨胀造成的；最多其中两个可以被认为至少是第三个影响力量的共同结果（Gordon，1975a）。

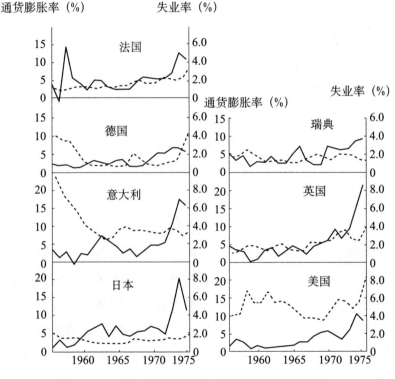

图4 1956—1975年七国每年的通货膨胀率和失业率，
——通货膨胀率；⋯⋯失业率

五年数据和年度数据都表明，石油危机不能完全解释卡拉汉描述得如此生动形象的现象。在石油价格在1973年上升了三倍之前，大多数国家的通货膨胀率的上升和失业率的上升都表现出显著相关性。例如，同样的因素在美国可能是提升自然失业率，而在其他国家可能解释为失业率上升，且与通货膨胀所带来的后果无关。

尽管有这些限定条件，但数据还是充分显示：至少在如英国、加拿大和意大利这样一些国家，通货膨胀率上升和失业率上升是相辅相成的，而不是受单独的原因影响。这些数据不是强有力的说明证据，因为在所有的工业化国家，较高的通货膨胀率至少在一段时间内会使失业率上升。本文的剩余部分将会初步探讨这些影响可能是什么。

B. 待验证的假说

我猜测尽管其他原因当然也可能导致这种正相关关系，但解决通货膨胀与失业之间的正相关关系问题还是需要对自然率假说进行适度阐述。正如自然率假说解释了一条短时间内呈现负斜率的菲利普斯曲线——这是一种临时现象，在经济行为人将其期望调整为现实时将会消失，因此，当经济行为人将其期望、制度和政治安排调整为现实时，这种过渡现象将会消失，且在更长一段时间内，菲利普斯曲线的斜率会为正。我相信在这样做以后，根据自然率假说，尽管资源利用效率可能不高，但失业率在很大程度上将与平均通货膨胀率无关。高通胀不一定意味着失业率异常高或异常低。然而，与之相伴随的制度和政治安排，无论其是作为早期历史的遗物还是作为通货膨胀本身的产物，都可能被证明与最有效利用就业资源相对立——一种前面提到的就业状况与经济的生产力之间存在差别的特殊情况。

众多拉美国家已经适应了长期高通胀率，我的一些同事，特别是阿诺德·哈柏格（Arnold Harberger，1967）和拉里·

史佳斯达德（Larry Sjaastad，1974），对此进行了验证，我认为这些经验与这个观点相符。

在图 2 概括的自然率假说当中，垂直曲线是完全预期的通货膨胀的替代。无论该比率是负的、为零还是正的，只要是在完全预期的情况下，它都可以被纳入决策当中。例如，假设每年通货膨胀率为 20%，相比于通货膨胀为零的工资，长期工资合同提供的工资每年恰好增长 20%。长期贷款利率比零通胀率时高 20%，或本金以每年 20%的速度增长；简而言之，这等于所有合同完全指数化。例如，改变预期的现金余额会对通货膨胀率产生一些实质上的影响，但是不必改变劳动力市场的效率，或劳动合同的长短或条件，因此也就不必改变自然失业率。

这个分析隐含了如下假设：首先，通货膨胀率是稳定的，或至少通货膨胀率高的时候不比通货膨胀率低的时候有更多的变化——否则，通货膨胀率不大可能在较高时与在较低时有着相同的完全可预测性；其次，通货膨胀是开放的，或者可以是开放的，所有价格都可以自由调整到更高的水平，使得通货膨胀率为 20%时和零通货膨胀时的相对价格调整都是相同的；最后一点，也是第二点的变形——合约指数化不存在障碍。

总而言之，如果每年平均 20%的通货膨胀率可以持续几十年，这些要求基本就能达到了，这就是为什么我倾向于保留超长期的垂直菲利普斯曲线。但是，当一个国家开始出现更高的通货膨胀率时，这些要求就会被系统地背离。而这样的过渡期很可能会长达数十年。

特别地，我们考虑美国和英国的情形。第二次世界大战前两个世纪的英国和第二次世界大战前一个半世纪的美国，价格变化大致恒定，且价格在战争时期大幅上升，而在战后大致下降至战前水平。"正常"价格水平的概念深深地植根于两国的金融和其他机构，也深深地植根于公民的习惯和态度。

在第二次世界大战刚结束时，人们普遍预期过往的经历会再次发生。而事实是，战后的通货膨胀叠加在了战时的通货膨胀之上，而两国所预期的都是通货紧缩。驱散对战后通货紧缩的担忧——如果存在的话——需要一段较长的时间，而预期开始适应货币体系的根本变化则需要更长的时间。这种调整现在距离完成依然遥遥无期（Klein，1975）。

事实上，我们并不知道全面调整将会包括什么。现在我们也还不知道工业化国家是会恢复到二战前期的长期稳定的价格水平，还是会走向拉丁美洲长期高通胀率的格局——像智利和阿根廷最近发生的持续不断的超级或过度通货膨胀（Harberger，1976），或者会在经历更激进的经济和政治变革后，找到与目前模棱两可的局面不同的出路。

这种不确定性，或者更准确地说，产生这种不确定性的环境导致了对形成垂直菲利普斯曲线所需的条件的偏离。

最根本的偏离是，在过渡阶段的几十年中，高通货膨胀率不大可能会趋于稳定。相反，通胀率越高，其不稳定性可能就越大。这一点经由过去几十年里不同国家之间的差异在实证上证明是正确的（Jaffe and Kleiman，1975；Logue and Willett，1976）。这一点在理论上对于实际的通货膨胀以及（或者更清晰的）经济主体对通货膨胀的预测也是非常合理的。政府并没有故意宣布政策从而制造了高通货膨胀，而高通货膨胀只是政府所推出的其他一些政策的结果——特别是，充分就业政策和增加政府支出的国家政策。政府宣称这些政策的目的在于稳定价格。它们这样做也是为了回应选民，它们也许欢迎通货膨胀带来的许多副作用，但仍然执着于稳定货币的观念。抑制突然出现的通货膨胀带来了巨大的压力。政策从一个方向转到另一个方向，促成了实际通货膨胀率及其预期的大幅度变化。当然，在这样一种环境当中，没有人会对通货膨胀有单一取值的预期。每个人都认识到，在任何特定的未来时间区间内，实际通货膨胀水平将是多少有着非常大的不确定性（Jaffe and Kleiman，1975；Meiselman，1976）。

高通货膨胀率平均来说更倾向于有着较大的波动程度，这一倾向被一国的政治内聚力所加强，其中的制度安排和金融合同被调整以适应长期的"正常"价格水平。一些群体获益（例如，房屋所有者）；而其他人受损（例如，储蓄账户和固定利率证券的所有者）。"审慎"行为事实上是轻率的，而"轻率"行为事实上是审慎的。社会出现了两极分化，一个群体与另一个群体针锋相对。政治不稳定性也在增大。实施强硬措施的压力增大的同时，任何政府的执政能力都会减弱。

实际和预期的通货膨胀率波动性的上升将通过两个相当不同的途径推升自然失业率水平。

第一，波动加剧缩短了无指数化承诺的最优长度，并让指数化变得更加有利（Gray，1976）。但在实际操作当中，调整需要花费时间。与此同时，事先的安排会导致价格刚性，从而降低市场的有效性。还有一个额外的不确定因素被加入到了每一个市场的安排当中。甚至在最佳情况下，指数化也只是通货膨胀率稳定性的不完全替代。价格指数并不完美；它们需要一段时滞才能起作用，且需要经过额外的时滞才能被应用至合约条款中。

显然，这些情况降低了经济效益。相比之下，我们并不很清楚它们对登记失业率的影响。高平均库存是一种应对上升的刚性和不确定性的方法，但这可能意味着：企业劳动力的额外储备、低失业率或者更大的工作岗位间的劳动力流动以及随之而来的高失业率。更短的合约意味着更快的因情况变化而进行的雇佣关系调整和低失业率，或者调整合约期限的时滞导致不尽如人意的雇佣变化以及相应的高失业率。显然，我们需要在这方面进行更多的研究来澄清各种影响的相对重要性。大家现在可以说，缓慢的合约调整以及指数化的不完全性可能导致登记失业水平的提高。

第二个与通货膨胀波动上升相关的影响是降低市场价格作为协调经济活动的系统的效率。正如哈耶克（Hayek，1945）所智慧地强调的，价格体系的一个基本功能就是以较低的成本密集、高效地传递经济主体所需要的信息，并以此决定生产什么、如何生产或如何使用其所拥有的资源。当中相关信息指的是**相对**价格——一种产品相对于另一种产品的价格，一种生产要素相对于另一种生产要素的价格，产品相对于要素的价格，现在相对于未来的价格。但在实际操作中，信息是以**绝对**价格的形式传递的——价格单位为美元、英镑或克朗。如果价格水平平均来说是稳定的或是以稳定的速度变化的，那么从观察到的绝对价格中提取相对价格的信号相对容易。通货膨胀率波动越大，从绝对价格中提取相对价格的信号将会变得越为困难：相对价格的传播向来受到通货膨胀传播的干扰（Lucas，1973，1975；Harberger，1976）。在极端情况下，绝对价格体系几乎没有任何用处，经济主体要么求助于替代货币，要么求助于易货交易，这对生产力造成了灾难性后果。

如前，对经济效率的影响是显著的，对失业率的影响则并非如此。但是同样地，看起来比较合理的是，平均失业水平会因为市场信号中噪声的增加而上升，特别是在制度安排还没有及时调整以适应新情况时。

即使在法律上可以自由调整价格时（在此意义上，通货膨胀是可能的），这些通货膨胀波动增加所造成的影响也还是会发生。实际上，不确定性、长期自愿合同的刚性以及价格信号污染所造成的扭曲效果一定会因价格变动的法律限制而加强。在现代社会里，政府本身就是市场上出售的服务的生产者：从邮政服务到其他一系列服务。其他价格则是由政府管制，变动需要得到政府批准：从机票价格、出租车费到电费。在这种情况下，政府无法避免参与价格控制过程。此外，通货膨胀率波动引发的社会和政治力量会令政府试图在其他方面抑制通货膨胀：通过直接的价格和工资控制、通过迫使私人企业或工会自愿克制或者通过在外汇市场中进行投机操作以改变汇率。

细节会随时间和国家的不同而发生变化，但大体的结果是一样的：降低价格体系指导经济活动的能力；由于在所有市场上引入了更大的摩擦，出现了相对价格扭曲；以及很有可能登记失业率变得更高（Friedman，1976，第12章）。

我刚刚描述的这些因素可能会使政治和经济系统变得相当不稳定，并产生恶性通货膨胀和激进政治变革——如同第一次世界大战之后的许多战败国，或者像最近时期的智利和阿根廷。在另一极端，在这样的灾难发生之前，政府可能会采取相对较低和稳定的通货膨胀率政策，并以此消除干扰价格体系的许多因素。以上将重新建立简单明了的自然率假说的先决条件，并使这一假说能够被用于预测转型过程。

一个居间的可能是，系统将以相当恒定但较高的平均通货膨胀率达到稳定。在这种情况下，失业率也应该下降到一个相当稳定的水平，且明显低于过渡期的水平。正如上述讨论所强调的那样，价格体系波动的**加剧**和政府干预因素的**增加**似乎是提高失业率的主要因素，而不是**高度**波动或**高度**干预本身。

应对波动和干预的方式将会有所发展：通过指数化或类似的方式来应对通货膨胀的波动；通过间接的方式来改变价格和工资，以摆脱政府控制。

在这些情况下，长期菲利普斯曲线也将再次变得垂直，我们也将重新回到自然率假说，尽管那时所对应的通货膨胀率的区间可能与它首次被提出时的通货膨胀率区间不同。

由于此处要解释的现象是高通货膨胀率与高失业率并存的情形，所以我强调了由一种存在"正常"价格水平的货币体系向一种与长期处于高位且可能高度不稳定的通货膨胀相容的货币体系过渡所产生的制度变化的影响。值得注意的是，一旦这些体制变化发生了，且经济主体调整了他们的行为和期望以适应这些变化，那么对之前货币框架的反转甚至在新的货币框架下成功采用的低通胀政策可能要求新的调整，这样就可能对就业水平产生很多同样不利的影响。这将在中期内呈现为一条负斜率的菲利普斯曲线，而不是我之前试图合理化的正斜率的菲利普斯曲线。

五、结论

20世纪30年代的凯恩斯主义革命的一个后果是人们接受了刚性绝对工资水平和接近刚性的绝对价格水平，并将此作为分析短期经济变化的起点。人们理所当然地认为这些数据本质上是制度性的，且这一点被经济主体所认可，以至于名义总需求的变化几乎完全反映在了产出上，且几乎完全不反映在价格上。人们长久以来对绝对价格和相对价格的混淆得以延续。

在这种学术氛围下，可以理解的是，经济学家分析失业与名义工资之间的关系，而不是失业与实际工资之间的关系，且隐含地将预期的名义工资的变化视为等同于预期的实际工资的变化。而且，最初支持失业水平与名义工资变动率之间稳定关系的实证证据是在长期价格水平相对较为稳定的时期（尽管存在短暂的价格大幅波动）得到的，在此期间，人们也普遍预期这一稳定的表现将得以持续。因此，这些数据没有给出关于这一假设存在特殊性的警告信号。

经济学界欣然接受了失业率与通货膨胀率之间存在稳定关系这一假说。它弥补了凯恩斯理论结构中的空白。这似乎也是凯恩斯自己说的"我们……所欠缺"的"一个方程式"（Keynes，1936，第 276 页）。此外，对于经济政策而言，它似乎是一个可靠的工具，经济学家能够利用它向决策者提出可用的替代方案。

像其他任何科学一样，只要经验看上去与人们现有的假说一致，这个假说就会被持续接受，而同时持异议者一直对它的有效性提出质疑。

但是，随着 20 世纪 50 年代进入 20 世纪 60 年代、20 世纪 60 年代又进入 20 世纪 70 年代，人们越来越难以接受这种简单形式的假说。似乎需要越来越大剂量的通货膨胀来压制失业率的上升。这时候滞胀露出了它狰狞的嘴脸。

人们试图通过一些特殊手段，例如工会的力量，来修补这个假说。但经验证据顽固地与修正后的版本相背离。

一个根本性的修正的需求由此被提了出来。这个修正所采取的形式强调了"出乎预料"的重要性——实际量值和预期量值之间的差异。它还原了真实数量和名义数量之间的首要区别。无论何时，总会有一个由真实因素决定的自然失业率。当预期趋于实现时，经济也倾向于达到这一自然率水平。如果考虑价格变化对持有货币余额的实际成本的影响，真实情况将与任何价格的绝对水平及其变化相一致。一方面，货币是中性的；另一方面，名义总需求和通货膨胀的超乎预期的变化会导致雇主以及雇员在认知方面的系统性错误，从而在一开始导致失业率对自然率的偏离。此时，货币并不是中性的。但是，这样的偏离是暂时的，尽管可能需要比较长的时间随着预期的调整扭转并最终抵消所有的影响。

自然率假说包含了最初的菲利普斯曲线假说作为特例，并对更广泛的情形进行了解释，特别是滞胀现象。现在，这一假说尽管尚未被所有人接受，但它的接受程度已经很广泛了。

然而，目前形式的自然率假说还不足以解释近期的一个发展——从滞胀（stagnation）向衰退性通胀（slumpflation）的转移。近年来，较高的通货膨胀率常常伴随着较高的失业率——既非简单菲利普斯曲线所表明的更低的失业率，也并非自然率假说所表明的不变的失业率。

最近出现的这种高通货膨胀率与高失业率组合可能是诸如石油危机这样的事件造成的普遍冲击或分别对通货膨胀和失业造成相同推升影响的独立因素作用的结果。

然而，某些国家的一个主要因素和其他一些国家的推动因素可能是它们正处在一个过渡阶段——这一过渡阶段是以每五年或每十年而不是以年来衡量。公众还没有随着新的货币环境的变化转变自己的态度或习惯。此时，通货膨胀往往不仅趋向于更高，而且越来越不稳定，从而政府对价格制定的干预也会随之增多。通货膨胀波动的不断增加，相对价格与由市场力量单一决定的价值的逐渐背离，这两者相加起来，使得经济体系的效率变得更低，在所有市场产生摩擦阻力，从而很可能会提高登记的失业率。

照此分析，目前的情况将无法持续。它可能会产生恶性通货膨胀和剧烈调整，要么市场主体的行为习惯会调整以适应长期通货膨胀，要么政府会采取降低通货膨胀率的政策并更少地干预价格的修复。

风险、货币与通货膨胀

　　我以上讲述了一个有关科学理论如何得以修正的全然标准的故事。这个故事本身有着深远的影响。

　　关于通货膨胀和失业的政府政策一直以来都处于政治争议的中心。在这些事情上进行的意识形态战争从未停歇。然而，经济理论的剧烈变化并不是意识形态战争的结果。它也不是由政治信仰和目标的不同导致的。它几乎完全是对具体事件的响应：赤裸裸的经验比最强的政治或意识形态偏好都更有效力。

　　在大约二百年前，皮埃尔·S. 杜邦（Pierre S. du Pont），内穆尔镇在法国国民议会上的代表，生动形象地指出了人类正确理解实证经济学的重要性；他还恰如其分地提出了发行额外的纸币——法国大革命的法定货币的建议："先生们，一个人太容易受激烈的讨论所影响，从而产生邪恶的意图，这是一种不好的习惯。有必要对意图保持宽厚的态度；我们应该相信意图是善意的，很显然它们也是善意的；但是我们完全不必对前后矛盾的逻辑或荒谬的推理抱宽厚的态度。差劲的逻辑学家的过失犯罪要比坏家伙们故意犯下的罪行多"（1790 年 9 月 25 日）。

参考文献

Friedman, Milton. "The Methodology of Positive Economics." In *Essays in Positive Economics*. Chicago: Univ. Chicago Press, 1953.

____. "An Inflationary Recession." *Newsweek* (October 17, 1966). (a)

28

_____ "What Price Guideposts?" In *Guidelines: Informal Contracts and the Market Place*, edited by G. P. Shultz and R. Z. Aliber. Chicago: Univ. Chicago Press, 1966. (b)

_____ . *Inflation: Causes and Consequences*. Bombay: Asia Publishing House, 1963. Reprinted in *Dollars and Deficits*. Englewood Cliffs, N. J. : Prentice-Hall, 1968. (a)

_____ . "The Role of Monetary Policy. " *A. E. R.* 58 (March 1968): 1 – 17. (b)

_____ . *Price Theory*. Chicago: Aldine, 1976.

Gordon, Robert J. "Alternative Responses of Policy to External Supply Shocks. " *Brookings Papers Econ. Activity*, no. 1 (1975). (a)

_____ . "The Demand and Supply of Inflation. " *J. Law and Econ.* 18 (December 1975): 807 – 836. (b)

_____ . "Recent Developments in the Theory of Inflation and Unemployment. " *J. Monetary Econ.* 2 (1976): 185 – 219.

Gray, Jo Anna. "Essays on Wage Indexation. " Ph. D. dissertation, Univ. Chicago, 1976.

Harberger, Arnold G. "The Inflation Problem in Latin America. " A report prepared for the Buenos Aires (March 1966) meeting of the Inter-American Committee of the Alliance for Progress, published in Spanish as "El problema de la inflación en America Latina," in Centro de Estudios Monetarios Latinoamericanos, *Boletin mensual* (June 1966), pp. 253 – 269. Reprinted in Economic Development Institute, *Trabajos sobre desarrollo económico*. Washington: IBRD, 1967.

____. "Inflation. " In *The Great Ideas Today*, *1976*, edited by Robert M. Hutchins and Mortimer J. Adler. Chicago: Encyclopaedia Britannica, 1976.

Hayek, F. A. "The Use of Knowledge in Society. " *A. E. R.* 35 (September 1945): 519 – 530.

Jaffe, Dwight, and Kleiman, Ephraim. "The Welfare Implications of Uneven Inflation. " Seminar paper on. 50, Inst. Internat. Econ. Studies, Univ. Stockholm, November 1975.

Keynes, J. M. *General Theory of Employment, Interest, and Money*. London: Macmillan, 1936.

Kiein, Benjamin. "Our New Monetary Standard: The Measurement and Effects of Price Uncertainty, 1880 – 1973. " *Econ. Inquiry* 13 (December 1975): 461 – 484.

Logue, Dennis E. and Willett, Thomas D. "A Note on the Relation between the Rate and Variability of Inflation. " *Economica* 43 (May 1976): 151 – 158.

Lucas, Robert E. "Some International Evidence on Output-Inflation Trade-offs. " *A. E. R.* 63 (June 1973): 326 – 334.

____ . "An Equilibrium Model of the Business Cycle. " *J. P. E.* 83, no. 6 (December 1975): 1113 – 1144.

Meiselman, David. "Capital Formation, Monetary and Financial Adjustments. " *Proceedings, 27th National Conference of Tax Foundation*. Washington: Tax Foundation, 1976.

Muth, John. "Rational Expectations and the Theory of Price Movements. " *Econometrica* 29 (July 1961): 315 – 333.

Phelps, E. S. "Phillips Curve, Expectations of Inflation and Optimal Unemployment over Time. " *Economica*, n. s. 34 (August 1967): 254 – 281.

_____ . "Money Wage Dynamics and Labor Market Equilibrium. " In *Microeconomic Foundations of Employment and Inflation Theory*, edited by E. S. Phelps. New York: Norton, 1970.

Phillips, A. W. "The Relationship between Unemployment and the Rate of Change of Money Wage Rates in the United Kingdom, 1861 – 1957. " *Economica* (November 1958), pp. 283 – 299.

Sjaastad, Larry A. "Monetary Policy and Suppressed Inflation in Latin America. " In *National Monetary Policies and the International Financial System*, edited by Robert Z. Aliber. Chicago: Univ. Chicago Press, 1974.

风险选择的效用分析 *

米尔顿·弗里德曼；伦纳德·萨维奇

一、问题和背景

本文的目的是提出一项建议，即个人对风险的一类重要反应是可以通过一个对传统效用函数相对简单的扩展进行合理化的。

个人经常必须或能够在不同的选项中做出选择，这些选项在个人将承受的风险程度方面存在差别。最明显的例子是保险和赌博。一个给自己拥有的房子购买火险的人，实际上是接受了一个小数目（保费）的确定的损失，而不是一个由概率较小的较大的损失（房子的价值）和较大概率的没有损失组成的组合。也就是，他会优先选择确定性而不是不确定性。买彩票的人选择让自己面对的是，以很大的概率损失一小笔金钱（彩票的价格），并且以很小的概率赢得一大笔钱（奖金），而不是同

---

* 本文的基本想法是由两位作者一起构思的，但本文主要是由弗里德曼撰写的。

时避开这两种风险。他优先选择了不确定性而不是确定性。

这种在不同程度风险下进行的选择在保险和赌博中非常突出，在更广泛的经济选择中也显著存在和重要。不同职业在其收入的可变性上有很大的差异：在一些如公共服务雇佣等的例子中，预期收入是明确给定的，且几乎肯定是在相当狭窄的范围内变化的；在其他例子中，如会计师等的工薪职业的收入有更多的可变性，但几乎没有获得极高或极低收入的机会；还有一些例子中，比如电影表演，其收入则有极强的可变性，获得高收入的机会较小，但获得低收入的机会较大。从政府债券和工业"蓝筹股"（blue chips）到"蓝天"普通股（"blue-sky" common stocks），来自证券的收入的变动也有相似之处；商业企业或商业活动同样如此。无论他们是否意识到这一点，以及他们是否清楚地考虑到所涉及的不同程度的风险，个人在职业、证券或商业活动中的选择，都类似于他们决定是买保险还是赌博时所做的选择。在个人的选择中是否有任何一致性？他们忽略了风险因素吗？还是风险因素扮演了主要角色？如果是，那是什么角色？

当然，这些问题已经被经济理论家们考虑到了，特别是在他们对不同行业的收入和不同商业业务的利润的讨论中。①然而，他们从未将对这些问题的处理和他们对基于无风险替代选项的选择的解释整合起来。对基于无风险替代选项的选择的解释是从效用最大化的角度进行的：个人被认为应该且会以如下方式进行选择，即他们把一些共同的定量特征——特定的效

---

① Adam Smith, *The Wealth of Nations*, Book 1, chap. x (Modern Library reprint of Cannan ed.), pp. 106 - 111; Alfred Marshall, *Principles of Economics* (8th ed.; London: Macmillan & Co., Ltd., 1920), pp. 398 - 400, 554 - 555, 613.

用——赋予各种商品，然后选择一个能够产生该共同特征的最大总量的商品组合。而涉及不同程度的风险的选择，例如，不同的职业，则是以完全不同的方式进行解释的——通过忽视背后的可能性，或通过"有冒险性格的年轻人更能被一个伟大成功的前景所吸引而不是被失败的恐惧所吓倒"这一事实，或通过"大多数人都拥有的对他们自身能力的过分的自负"，"人们对自己好运气的荒唐假定"，或者某些类似的"神机天降"（deus ex machina）。①

拒绝将效用最大化作为对基于不同风险程度的选择的一种解释，是边际效用递减信念的直接结果。如果货币的边际效用减少，寻求最大化效用的个人将永远不会参与"公平"的机会博弈，例如，在一项博弈中，他赢得或失去 1 美元的机会是相同的。赢得 1 美元的效用增加将比失去 1 美元的效用损失小，使得从参与博弈中获得的期望效用是负的。因此，边际效用递减加上期望效用的最大化意味着人们将总是需要被支付一定的费用才能被诱使来承担风险。② 但是，这一推论显然是与实际行为相矛盾的。人们不仅参加公平的机会博弈，而且他们自愿地、常常热切地参与像彩票这样的不公平的博弈。充

---

① 参见 Alfred Marshall, *Principles of Economics* (8th ed.；London：Macmillan & Co.，Ltd.，1920)，p. 554（第一段引文）；Adam Smith, *The Wealth of Nations*，Book 1，chap. x (Modern Library reprint of Cannan ed.)，p. 107（最后两段引文）。

② 参见 Alfred Marshal, *Principles of Economics* (8th ed.；London：Macmillan & Co.，Ltd.，1920)，p. 135 n.；Mathematical Appendix，n. ix (p. 843)。"即使赌博是在完全公平的条件下进行的，它也将涉及经济损失……理论上公平的保险能够获得经济收益"（第 135 页）。"认为公平的赌博是一个经济谬误的观点……只需要下述假设：第一，赌博的快乐可以被忽略；第二，对于所有的 x 值来说，$\phi''(x)$ 为负，其中，$\phi(x)$ 是来自财富等于 x 时的快乐……实际上，可能失去的幸福不一定大于从赌博中得到的快乐，因此，用边沁（Jeremy Bentham）的话来说，赌博的快乐是'不道德的'，因为经验表明，赌博可能导致烦躁和狂热的性格，这种性格既不适合于从事稳定的工作，也不适合于获得更高尚、更可靠的生活乐趣"（第 843 页）。

满风险的职业和投资不仅并不总是带来比相对安全的职业或投资更高的平均回报率，它们甚至经常会生成更低的平均回报率。

阿尔弗雷德·马歇尔（Alfred Marshall）通过拒绝将效用最大化作为对涉及风险的选择的解释来解决这一矛盾。但其实他并不需要这样做，因为他不需要递减的边际效用——或者，实际上，任何数量化的效用概念——来对无风险的选择进行分析。从马歇尔所采用的效用分析转变为 F. Y. 埃奇沃斯（F. Y. Edgeworth）、欧文·费雪（Irving Fisher）和维尔弗雷多·帕累托（Vilfredo Pareto）的无差异曲线分析，表明要使无风险选择合理化，只需要假设个人可以根据总效用对商品篮子排序，而不必假设他们能够比较不同效用之间的差异。但边际效用的递减或递增，意味着不同效用间的差异是可以进行比较的，因此在解释无风险选择时，这是一个完全不必要的假设。

用期望效用的最大化来解释涉及风险选项的选择是一种古老的想法，至少可以追溯到丹尼尔·伯努利（Daniel Bernoulli）著名的圣彼得堡悖论（St. Petersburg paradox）分析。[①] 自那以后，它被多次提起，但几乎始终被拒绝认为是正确的解释——

---

① 参见 Daniel Bernoulli，*Versuch einer neuen Theorie der Wertbestimmung von Glücksfällen*（Leipzig，1896），由 A. Pringsheim 翻译自 "Specimen theoriae novae de mensura sortis," *Commentarii academiae scientiarum imperialis Petropolitanae*，Vol. V，for the years 1730 and 1731，published in 1738。

在伯努利论文附录的一个有趣的注释中，他指出：在几年前，当时的一个著名数学家克莱姆（可能是加百列·克莱姆）［Gabriel Cramer（1704—1752）］就预先考虑了他的一些观点。他从克莱姆用法语写的一封信中引用的几段话，包括了我们认为是伯努利论文真正精华的内容，用效用的数学期望（mathematical expectation），即道德期望（moral expectation），而不是收入的数学期望来比较风险抉择的想法。一般来说，克莱姆之所以没有对此做出很大贡献，显然是因为人们认为伯努利论文的基本观点是指出收入的对数是一个合适的效用函数。

通常是因为彼时盛行的对边际效用递减的信念使得赌博的存在看上去无法照此得到解释。甚至在边际效用递减的假设对于解释无风险选择并非必要的认知得到广泛接受的时候，学者们仍然将期望效用最大化这一解释视为"不合实际的"而加以拒绝。[①] 这种对期望效用最大化的拒斥，在约翰·冯·诺依曼（John von Neumann）和奥斯卡·摩根斯坦（Oskar Morgenstern）最近的一本书《博弈论与经济行为》（*Theory of Games and Economic Behavior*）中受到了挑战。[②] 他们认为，"在无差异曲线分析依据的条件下，经过非常少的额外努力便可以导出数值效用"，该数值效用的期望值可以在涉及风险选项的选择中被最大化。[③] 本文以他们的方法为基础，但通过对他们主张的核心部分的具体阐释而独立自洽。

如果一个人通过他的市场行为表现出他喜欢 A 胜于 B，喜

[①] 在关于这个问题的经典文献中，人们一直假定当事人总是试图使他的收益或效用的数学期望最大化……这个假设看上去也许是合理的，但是它肯定不是一个在所有情况下都一定成立的假设。有人指出，人们也可能会对所得出的各种可能的效用的范围、标准差或其他离差指标感兴趣，并且受到它们的影响。人们购买彩票或下足球赌注的行为似乎就是相当好的证据，表明他们受到概率分布偏斜度（skewness of the probability distribution）的很大影响。参见 Gerhard Tintner, "A Contribution to the Non-Static Theory of Choice," *Quarterly Journal of Economics*, LVI (February, 1942), p. 278。

"将我们自己局限于数学期望，这肯定是不现实的，是对传统的'道德概率'微积分的一种常见的但并不合理的做法。"参见 J. Marschak, "Money and the Theory of Assets," *Econometrica*, VI (1938), p. 320。

廷特纳（Tintner）的推论是：他引用的事实必然与期望效用最大化不一致。马沙克（Marschak）显然也赞成这个推论，但它却是错误的（参见第三节和第四节）。由于廷特纳没有正确地理解期望效用最大化可以适用的那种行为的真正共性，因此，他被误导到思考一个形式上更加普遍的解决办法上去。

[②] 参见 John von Neumann and Oskar Morgenstern, *Theory of Games and Economic Behavior*, Princeton University Press, 1st ed., 1944; 2nd ed., 1947；第 15 - 31 页（两个版本），第 617 - 632 页（第 2 版）；后面的参考文献都来自第 2 版。

[③] Ibid., p. 17。

欢 B 胜于 C，传统的合理化解释方法是设想他赋予 A 的效用要
比赋予 B 的效用多，而他赋予 B 的效用又比赋予 C 的效用多。
所有对可能的替代选项给予相同排序的效用函数都将提供同样
好的对选择的合理化，并且无论使用哪一个特定效用函数都不
会有不同。另外，如果个人通过他的市场行为表现出，相比于
确定的 B，他更喜欢以 50 对 50 的概率获得 A 或者 C，那么通过
假设他附在 A 和 B 之间的效用差异大于他附在 B 和 C 之间的效
用差异，使优选组合的期望效用大于 B 的效用，从而合理化这
种行为，似乎是自然而然的事情。这类能够为涉及风险选项的
选择提供相同排序的效用函数，如果存在的话，要比那些为确
定选项的选择提供相同排序的效用函数受到更多的局限。此类
函数由仅在原点和度量单位方面存在差异的效用函数组成（即
该类效用函数是彼此的线性函数）。[①] 因此，实际上，这些效用
函数的序数属性可以用来对无风险的选择进行合理化，而它
们的数值属性则可以被用来合理化涉及风险的选择。

当然，这并不意味着，存在一个以同样的方式来合理化
个人对风险的反应的效用函数。可能人们的行为是不一致
的——有时以 50 对 50 的概率选择 A 或 C 而不是 B，有时则
相反；或者，有时选择 A 而不是 B，选择 B 而不是 C，选择 C
而不是 A——或者说，在某些方面，他们的行为与如果他们是
理性地根据一个给定的效用函数来最大化期望效用时的行为是
不同的。也可能某些类型的对风险的反应可以通过这种方式合
理化，而另一些则不能。一个数值效用函数实际上是否能被用

---

① Ibid., pp. 15 – 31, esp. p. 25.

来合理化任一特定类别的对风险的反应是一个有待检验的实证问题，并没有过去人们曾经认为存在的明显的矛盾。

本文试图通过如下方式提供一个粗略的实证检验：汇集个人对涉及风险选项的选择行为（第二节）的广泛观察，并检视这些观察是否符合由冯·诺依曼和摩根斯坦复兴的假说（第三节和第四节）。结果证明，如果货币的总效用曲线被设定具有一个相当特殊的形状，这些经验性的观测结果完全符合假设（第四节）。我们可以就这一特殊的形状给出一个尚且满意的解释（第五节），不仅将许多通常以其他方式解释的行为置于理性的效用最大化的"庇佑"下，而且对很多并没有被用来推导它的可观察行为也有启示作用（第六节）。进一步的实证研究应该可以为确定这些启示是否与现实相符提供可能。

人们花了很长时间才认识到，对赌博和类似现象的解释可能与普遍边际效用递减相矛盾，而不是与效用最大化相矛盾，这证明了边际效用递减理论的力量。最初的错误至少在一定程度上是对边际效用递减的强烈内省信念的产物：一美元对富人的意义要小于穷人；看一个人富裕时愿意比贫穷时多花多少钱以避免任何特定的痛苦或不适，就会了解其中的差别。① 一些极具才华的经济学家发表的对冯·诺依曼和摩根斯坦的效用分析的评论进一步证明了边际效用递减对经济学家的影响。威廉·维克瑞（William Vickrey）说："有充分的证据表明，在涉及风险的情况下，个体决策并不总是以符合这样一

---

① 这一基本论点似乎很清晰地证明了边际效用递减的合理性，甚至现在可以明确说明，在边际效用递减的前提下，这一现象如何能够同样地合理化。只需假设避免痛苦和用货币才能买到的其他物品才是相关商品，虽然货币的边际效用随着货币数量的增加而增加，但避免痛苦的边际效用增加得更快。

种假设的方式做出，即决策是理性地做出的，以期最大化效用函数的数学期望。在此基础上，博彩，赌金全赢制彩票和'数字'赌博意味着，货币的边际效用是收入的增函数而不是减函数。作为社会政策的指南，这样的结论显然是不能接受的。"[①]凯森（Kaysen）说："不幸的是，这些基本原理（冯·诺依曼和摩根斯坦讨论如何衡量效用的基础）涉及与经验相反的经济行为的一个假设……数以百计的例子［包括个人的数学期望收益（即效用）为负的博彩活动］证明这个假设与经验相违背。"[②]

二、需要被合理化的可观察行为

对为冯·诺依曼和摩根斯坦所复兴的假说所涉及的经济现象可以进行如下划分：第一，通常被认为是赌博和保险的现象；第二，涉及风险的其他经济现象。后者显然更重要，并且这个假说的最终意义将主要取决于它对理解这些现象所做出的贡献。同时，风险的影响在赌博和保险中表现得最为明显，因此，这些现象对检验和阐述假说具有重要意义，而这与它们在实际经济行为中的重要性不成比例。

首先，应该承认，我们没有对这两类现象进行广泛的实证调查。就目前而言，我们满足于利用文献中已有的或偶然观察中显而易见的东西，来提供对假说的初步检验，并对其施

---

① 参见 William Vickrey，"Measuring Marginal Utility by Reactions to Risk," *Econometrica*，XIII（1945），319 - 333。这段引文摘自第 327 页和第 328 页。人们在博彩、赌金全赢制彩票以及"数字"赌博中购买票券，并不意味着在任何收入水平上，货币的边际效用都是递增的（见第四节）。此外，完全没有必要把个人希望最大化的数量与公共政策应该特别重视的数量看成是相同的。

② 参见 C. Kaysen，"A Revolution in Economic Theory?" *Review of Economic Studies*，XIV，No. 35（1946—1947），1 - 15；引文摘自第 13 页。

加重要的实质性限制。

风险扮演重要角色的个人的重大经济决定，关系到他所控制的资源的使用：从事什么职业，从事什么创业活动，如何投资（非人力）资本。根据所涉及的风险程度，我们可将资源可供选择的用途分为三大类：（a）那些所获得的货币回报风险很小或没有风险的职业，如学校教师、其他公务员工作、文职工作；标准的、可预测的商业活动，如许多公用事业；证券，如政府债券、高评级企业债券；一些不动产，特别是业主自住的住房。（b）涉及中等程度的风险，但不大可能导致极端收益或极端损失的职业，如牙医、会计、某些类别的管理工作；相当标准的商业活动，但其中有足够的竞争，从而使结果相当不确定；证券，如较低级的债券、优先股、较高级的普通股票。（c）涉及很大风险，有可能获得极高的收益，也有可能遭受极高的损失的职业——涉及身体风险的职业，如驾驶飞机、赛车，或医学和法律等职业；未涉足领域的商业活动；如高度投机的股票等证券；某些类型的不动产。

关于这三种资源使用方式的选择，文献中最重要的概括是，在其他条件相同的情况下，一般来说，使用方式（a）或（c）比使用（b）更受欢迎；也就是说，一般来说，必须向人们支付一笔溢价，以诱使他们承担适度的风险，而不是让他们自己承受小风险或大风险。因此，马歇尔说："有许多人是冷静稳重的，他们希望知道摆在他们面前的是什么，他们宁愿得到一份提供确定收入的工作，如每年 400 英镑，而不愿接受一份可能得到 600 英镑收入，但同样也可能只得到 200 英镑收入的工作。因此，不确定性并不总能激起伟大的雄心和崇高的愿望，仅对极少数人有特殊的吸引力；而对许多正在选择职业的人来说，它反而是一项威慑因素。一般来说，一个确定的适度成功相比一个具有同等精算价值的不确定的成功的期望更具有吸引力。

"但另一方面，如果一个职业可以提供一些极高的奖励，它的吸引力就会出现与这些奖励的总价值完全不成比例的增加。"①

亚当·斯密（Adam Smith）对职业选择也有类似的评论。此外，在提及创业事业时，他说："普通利润率的上升总是或多或少伴随着风险的增加。然而，利率似乎并没有成比例地上升以完全补偿风险的增加……对成功的自以为是的希望在这里似乎像在所有其他场合一样起作用，并诱使如此多的冒险家进入那些危险的行业，以至于他们的竞争将利润降低到足以补偿风险的程度以下。"②

埃德温·坎南（Edwin Cannan）在讨论投资收益率时得出的结论如下："在平均收益最多的投资类别中，投资者既不是最安全的，也不是风险最大的，而是中间类，这不呼吁胆怯或赌博本能。"③

这种对极安全或极具风险的投资而不是中等风险的投资的偏爱，直接体现在人们愿意购买保险、购买彩票或参与有很小的机会获得很大的收益的其他形式的赌博上。"蓝天法"（blue-sky laws）意图监控的具有高投机性的股票的广大市场是一种边缘的案例，可同等地被视作投资或者赌博。

---

① Op. cit. , pp. 554 – 555.

② Op. cit. , p. 111.

③ 参见 *Dictionary of Political Economy*，ed. R. H. Inglis Palgrave（new edition, ed. Henry Higgs：London，1926）中关于"利润"的文章；也可参见 F. H. Knight, *Risk, Uncertainty, and Profit*（New York，1921；reprint London School of Economics and Political Science，1933），pp. 362 – 367 中对不同作者关于承担风险的观点的总结。

所有收入阶层的人都愿意购买保险的经验证据广泛存在。[①]

---

① 例如，参见 U. S. Bureau of Labor Statistics, *Bulletin* 648: *Family Expenditures in Selected Cities*, 1935 – 36, Vol. I: *Family Expenditures for Housing*, 1935 – 36; Vol. VI: *Family Expenditures for Transportation*, 1935 – 36; Vol. VIII: *Changes in Assets and Liabilities*, 1935 – 36。

第 1 卷的表 6 以表格的形式总结了拥有住宅的家庭支付住宅保费的百分比。这些百分比是按每一个城市或每一组城市的每个收入群体分别给出的。由于保费常常是一年以上才支付一次，因此，表 6 给出的这些百分比肯定低估了投保家庭的百分比。但是，大部分收入群体的百分比都超过 40%。

第 6 卷的表 5 以表格的形式总结了家庭支付汽车保费的百分比，而且这些百分比也是按照每一个城市或每一组城市的每一个收入群体分别给出的。这些数据表明，随着收入的增长，开车的家庭投保的百分比（这个数字是由家庭购买汽车保险的百分比除以开车家庭的百分比得出来的）非常迅速地增加。在最低收入群体中的家庭很少开车，开车的家庭只有一小部分投保。在高收入群体中的大多数家庭都开车，而且开车的家庭大多数都投保。在第 6 卷的表 10（p. 26）中，6 个大城市的各个收入群体的家庭支付汽车保险的百分比共有 42 个不同的数字。这些百分比介于 4% 和 98% 之间，其中，23 个百分比大于 50%。

第 8 卷的表 3 以表格的形式总结了各个城市或各组城市的每一个收入群体的家庭支付人寿保费或养老保费的百分比。这些百分比都很高。例如，在纽约市，每一个收入群体的白人家庭支付保费的百分比都不低于 75%，从 500～749 美元收入组的 75% 到高收入群体的 95% 以上；1 000～1 249 美元收入群体的黑人家庭购买保险的百分比为 38%，但其他收入群体的黑人家庭购买保险的百分比不低于 60%。其他城市的情况都类似于纽约市的情况，表中给出的家庭购买保险的百分比大多数都高于 80%。

我们不能将这些数字看作是对愿意为了避免风险而进行支付（即接受较小的保险精算价值）的家庭百分比的直接估计。购买保险的意义与 4 种目的有关。(1) 购买汽车和住宅保险也许并不是可以选择的事情。大多数私有住宅都进行了抵押（参见第 1 卷第 361 页的表 L），抵押品也许要求投保。家庭抵押住宅的百分比只占住宅所有者的一部分，而这部分家庭购买的保险超过了抵押要求购买的保险。同样，金融公司一般要求对以分期付款方式购买的汽车进行保险，而且不给予全额赔偿。在一些州，购买汽车保险是强制性的。(2) 对于汽车财产毁损责任保险（而不是碰撞保险）来说，开车者的风险和保险公司的风险也许是不相同的，特别是对于低收入群体的那些人来说，情况更是如此。由于财富和借贷能力的影响，没有保险的开车者的损失是有限的，他的最大损失也许远远低于他所购买的保险单的面值。因此，与那些具有较多财富或较强借贷能力的人相比，保费超过他的预期损失的幅度更大。所以，随着收入的上升，购买汽车保险的人员的百分比也上升，这也许并不是反映了人们购买保险的愿望增强了，而是反映了为了保险而必须支付的有效价格下降了。(3) 对于相对高收入群体的汽车保险和住宅保险来说，征收所得税也许会使这种趋势反转过来。根据美国联邦所得税法，在许多情况下，未经保险的损失可以在计算所得税以前从收入中扣除，而保费则不能扣除。这倾向于使个人的预期净损失小于保险公司的预期净损失。由于这种影响实际上并不适用于非常高的收入，而且 1935—1936 年的联邦所得税相当低，因此，对于我们在前面所引用的这些数据来说，这种影响几乎肯定可以忽略不计。(4) 人寿保险有时非常接近赌博（即选择不确定性抉择，而不是选择具有较高预期价值的确定性抉择），而不是为了避免风险而支付保费。例如，为了避免单程铁路或航空旅行风险而购买特别人寿保险单，也许更加类似于购买彩票，而不是获得确定性的一种手段。(5) 即使不考虑这些限制条件，实际购买保险的人最多只是愿意购买保险的人的低限，因为总有一些愿意购买保险的人认为保险公司要价太高而没有购买保险。

在某种程度上，这些限制条件是相互抵消的。它们的净效应似乎很有可能无法推翻证据所暗示的结论，即所有收入阶层中有很大一部分人愿意购买保险。

由于保险公司的经营成本由其保费收入支付，因此，购买者支付的保费显然要高于他对其投保的损失所能预期得到的平均赔偿。也就是说，他是为了逃避风险而支付一些费用。

个人购买彩票或参与类似形式的赌博的意愿的经验证据也很广泛。许多政府发现，而且更多的政府已经发现，彩票是一种有效的增收手段。[①] 尽管"数字"游戏和类似形式的赌博是非法的，但据报道，在美国，特别是在低收入阶层中，"数字"游戏和类似形式的赌博很盛行。[②]

购买保险的人和赌博的人之间似乎不太可能有明显的两分法。似乎更有可能的是，许多人两种行为都从事，或者无论在何种程度上，两种行为都愿意从事。我们无法引用任何直接证据来证明此处断言的事实，尽管间接证据和偶然的观察使我们对这一事实的正确性有相当大的信心。赌博和购买保险的广泛性表明了它的有效性。此外，一些关于人们如何投资资金的现有证据也表明了这一点。针对"水桶店"（bucket shops）的广泛立法表明，相对贫穷的人一定愿意购买极度

---

① 例如，法国、西班牙和墨西哥目前就通过经营彩票来增加政府收入。俄罗斯在向公众出售的债券上给债券赋予一种彩票的特征。英国在 1694—1826 年经营彩票。美国在独立战争以前以及战后的时期内广泛地使用彩票，不仅州政府直接使用彩票，而且州政府将特许权给予它们认为符合全州利益的特定项目。

关于英国的彩票史，请参见 C. L'Estrange Ewen, *Lotteries and Sweepstakes* (London，1932)；关于纽约州的彩票史，请参见 A. F. Ross, "History of Lotteries in New York," *Magazine of History*，Vol. V (New York，1907)。对于购买本州彩票或其他合法彩票的人员比例，似乎并没有任何直接估计值，研究者显然难以从与彩票经营有关的数据中得出这个估计值。合法彩票的收入以及观察者的偶然印象表明，大部分有关单位（家庭或有收入者）都购买彩票。

② 来自赛马赌博的证据（赛马赌博在这些地方一直都是合法的）非常不明确，没有太大的价值。由于大多数合法赌博都有据可查，因此，只有那些去观看了赛马并且参与了概率游戏的人才算进行了赌博。

投机的"蓝天"类股票。然而低收入阶层的财产收入大部分由利息和租金组成，分红相对较少，而高收入阶层的情况则相反。① 租金和利息这类收入往往来自风险相对较小的投资，所以对应的是购买保险，而投资炒股则对应的是购买彩票。

对于同一个人来说，既购买保险又参与赌博，似乎是自相矛盾的行为：一方面他愿意为了避免风险支付保费，另一方面，他又愿意为了承担风险而支付费用。事实上，如果一个人愿意支付某种（不管是多么的少）超过保险精算价值的保费，以避免每一个可能的风险，同时还愿意为了承担每一个可能的风险而支付超过保险精算价值的费用，这确实是不一致的。我们必须把不同种类的保险和不同类型的赌博区分开来，因为只愿意为某种保险支付保费，并不一定与为只参与某种赌博而支付不一致。但不幸的是，关于人们愿意购买的保险种类和他们愿意进行的赌博种类，几乎没有现成的经验证据。几乎唯一明确的迹象是，人们愿意进行那种提供一个很小的机会赢得大笔收益的赌博，比如购买彩票和没有价值的"蓝天"证券。

彩票似乎是一个富有成效但又在很大程度上被忽视了的关于人们对风险的反应的信息来源。彩票以相对纯粹的形式呈现风险，很少掺杂其他因素；几个世纪以来，许多国家一直在经营彩票行业，因此有大量证据可供使用。人们对使得

---

① 参见 *Delaware Income Statistics*，Vol. 1（Bureau of Economic and Business Research, University of Delaware, 1941），Table 1；Minnesota Incomes, 1938 - 1939，Vol. II（Minnesota Research Commission, 1942），Table 27；F. A. Hanna, J. A. Pechman, S. M. Lerner, *Analysis of Wisconsin Income*（"Studies in Income and Wealth," Vol. IX [National Bureau of Economic Research, 1948]），Part II, Table 1.

彩票更具有吸引力的各类条款和设置进行了广泛的实验,并且彩票的经营竞争激烈,因此彩票可能表现出的任何规律都可以被解释为是反映人类行为的对应规律。[1] 当然,由彩票得出的推论不一定适用于涉及风险的其他选择类型。然而,似乎有些人认为这些推论同样适用,尽管这一猜想的有效性必须加以检验。[2]

在彩票的一般特征中,除了人们普遍愿意购买彩票之外,在进行初步分析时应该注意的一个基本特征是其似乎已经建立起来的奖金结构。很少有彩票仅包含一个单一总金额的奖品,相反,它们往往包括几个或许多奖项。最高奖金通常不比第二高奖金多很多,而且通常不是只有一笔最高奖金,而是有几笔金额相等的最高奖金。[3] 这种趋势非常普遍,以至于人们期望它反映了个人对风险反应的某些一致性特征,并且任何旨在解释不确定性反应的假说都应该能够解释它。

三、正式的假说

对于刚刚总结的对特定行为进行的合理化解释提出的假说可以概括表述如下:(1)在一组备选项中进行选择时,无

---

① 除了在提供有关人们对风险的反应的信息方面所具有的价值以外,在提供有关人们的偏好不随时间推移而变化的稳定性以及世界各地人们偏好的相似性的证据方面,来自彩票的数据也具有广泛的用途。在这里,彩票是几个世纪以来一直保持不变的一种"商品",这在全球都是一样的,而且在整个时期和全球大部分地区都得到了广泛的交易。我们很难想象任何其他商品也具有这种性质。

② 参见 Adam Smith, *The Wealth of Nations*, Book I, chap. x (Modern Library reprint of Cannan ed.), p. 108.

③ 参见 C. L'Estrange Ewen, *Lotteries and Sweepstakes* (London, 1932),特别是他在第 7 章第 199~244 页对州彩票的描述,也可参见 John Ashton, *A History of English Lotteries* (London: Leadenhall Press, 1893) 中大量的彩票广告。

论这些选择是否具有风险，消费单位（通常是家庭，有时是个人）的行为似乎都有一套一致的偏好集；（2）这些偏好可以通过一个函数表示，而该函数对每个被看作是确定的选择赋予一个数值，即效用；（3）消费单位的目标是使其期望效用尽可能大。冯·诺依曼和摩根斯坦的贡献在于他们给出了同一假说的另外一种表述方式，即个人的选择是根据具有以下特征的偏好体系来进行的：

（1）该体系具有完备性和一致性，也就是说，一个人可以辨别出他在两个（备选）对象中喜欢哪一个或者他是否为无差别的，如果他并非偏好 C 胜过偏好 B，不偏好 B 胜过偏好 A，那么他就不会偏好 C 胜过偏好 A。① （在这方面，"对象"一词包括具有一定概率的各种对象的组合；例如，如果 A 和 B 是两个对象，那么分别以 40% 和 60% 的概率得到 A 和 B 的组合也是一个对象。）

（2）任何一个由其他对象按照一定概率组合成的对象永远不可能胜过（更被偏好）其中的一个对象，并且其中的每个对象也永远不可能胜过这个组合对象。

（3）如果对象 A 胜过对象 B，对象 B 胜过对象 C，那么一

① 在这个假定中，无差异关系的传递性当然是理想化的。实际情况很可能是在一系列抉择中，一个人也许会认为连续的各对抉择之间的差别都是不可察觉的，但是第一个抉择肯定优于最后一个抉择。在我们看来，这只是涉及无量纲点（dimensionless point）的几何概念的一个理想化特例，因而是无可厚非的。然而在 W. E. Armstrong，"The Determinateness of the Utility Function," *Economic Journal*，XLIX（September，1939），第 453-467 页中，他对无差异曲线的分析提出了批评，特别是对这种理想化在无差异曲线分析中的使用提出了批评。在最近的一篇文章中，即 W. E. Armstrong，"Uncertainty and the Utility Function," *Economic Journal*，LVIII（March，1948），第 1~10 页，他不仅再次进行了批评，而且进一步指出：序数效用函数不能合理地解释风险选择。

定存在由对象 A 和对象 C 按照某种概率组合成的对象，这个对象对于个人来说与对象 B 是没有差异的。[①]

这种形式的表述的目的是要表明，这一假说的合理性和通常的无差异曲线对无风险选择的解释之间的差别不大。

关于这一假说的简洁陈述掩藏了它的大部分含义，因此需要我们对其进行详细说明。把可供消费单位进行选择的各种选项视为完全可以用货币或货币收入来表达的形式，不仅简化了问题，也不失一般性。当然，实际的选择并不能够如此表达，因为同样的货币收入的价值会随着人们获得收入时的条件和与之相关的非货币性的优点或缺点等而非常不同。我们可以通过假设这些因素在进行比较的不同收入水平上是等同的，或者假设这些因素可以转化为相同数额的货币收入，从而把在目前问题上没有起到作用的这些因素剔除出去。[②] 这允许我们认为总效用只是关于货币收入的函数。

令 I 代表每单位时间的一个消费单位的收入，如果我们认为这种收入是确定的，那么 $U(I)$ 代表这种收入的效用。假设横轴代表 I，纵轴代表 U。总的来说，$U(I)$ 不会对所有的 I 值都有定义，因为消费单位可以得到的收入有下限，即一个

---

① 关于第二种表述的严格陈述以及证明这两种表述是等价的完全论证，请参见 John von Neumann and Oskar Morgenstern，*Theory of Games and Economic Behavior*，Princeton University Press，1st ed.，1944；2nd ed.，1947；pp. 26 - 27，617 - 632。

② 被剔除的其他因素当然不包括那些在货币收入发生变化时实际上不能保持不变的因素。例如，人们需要更高的收入，因为更高的收入使消费单位能够购买种类更多的商品。因此，我们不能假定在不同的收入水平上，消费单位的消费模式都是相同的。另一个例子是，较高的收入也许意味着消费单位必须为一种特定的商品（如医疗）支付更高的价格。虽然我们应该将那种并不一定与消费单位收入变化有关的价格变化归入"其他条件都相同"，但是我们不应该将价格的上述变化纳入其中。

（在绝对值上）负的收入等于在效用曲线涵盖的时间段内，消费单位在单位时间内可能损失的最大值。

消费单位面临的各种无风险选择是由各种可能的收入组成的，比如 I' 和 I'' 等。因此，这一假说可以简化为，消费单位将选择能够为其带来最大效用的收入。我们仅仅从偶然的观察中便可知道，在其他条件一样的情况下，消费单位一般会选择最高的收入。换句话说，我们认为，一个人完全抛弃金钱是有问题的，人们总是会选择较低的收入。因此，当且仅当货币收入的效用越大，货币收入也就越高时，该假说可以合理地解释此处考虑的有限种类的无风险选择。在考虑无风险选择时不会对效用函数施加进一步的要求或限制。

涉及风险的选择包括各种可能收入的概率分布。幸运的是，我们目前只需要考虑一个特别简单的风险选择就可以满足我们的目的。这种选择即（A）：一个概率为 $a(0<a<1)$ 的收入 I_1 和一个概率为（$1-a$）的收入 I_2，为了简便，设 I_2 总大于 I_1。正如我们稍后将会看到的，这种简化是可能的，因为最初的假说隐含着，通过完全了解消费单位在类似于 A 的各种选择和由确定性收入 I_0 组成的无风险选择（B）之间的偏好，我们可以预测在更复杂的选择中消费单位的选择。

由于我们假设"其他条件"在选择 A 和 B 时是相同的，因此这两种选择的效用可以只考虑所涉及的收入和相应的概率的函数，而不用考虑附带条件。选择 B 的效用为 $U(I_0)$。A 的期望效用是由

$$\bar{U}(A) = aU(I_1) + (1-a)U(I_2)$$

给出的。根据假设，如果 $\bar{U}>U(I_0)$，这个消费单位会选择

A；如果 $\bar{U}<U(I_0)$，这个消费单位会选择 B；如果 $\bar{U}=U(I_0)$，A 和 B 之间将无差异。

令 $\bar{I}(A)$ 为 A 的保险精算价值，即 $I(A)=aI_1+(1-a)I_2$。如果 I_0 等于 $\bar{I}$，那么"赌博"或"保险"可以说是"公平的"，因为无论消费单位做哪种选择，他得到的保险精算价值都是相同的。如果在这种情况下，消费单位选择 A，则表明他偏好风险。我们可以将此解释为 $\bar{U}>U(\bar{I})$，并且实际上我们可以用 $\bar{U}-U(\bar{I})$ 来衡量消费单位赋予这种风险的效用。[①] 如果消费单位选择 B，这表明他偏好确定性。这可以被解释为 $\bar{U}<U(\bar{I})$。若 A 和 B 之间无差异，则这一情况可以被解释为 $\bar{U}=U(\bar{I})$。

令 I^* 代表与 A 有同样效用的确定性收入，也就是 $U(I^*)=\bar{U}$。[②] 令收入 I^* 等于 A。根据分析无风险选择时得出的结论，效用随着收入增长而增加的这个必要条件表明：

$$\bar{U} \gtreqless U(\bar{I})$$

意味着

$$I^* \gtreqless \bar{I}$$

---

① 我们将 $\bar{U}-U(\bar{I})$ 解释为消费单位赋予特定风险的效用，这与冯·诺依曼和摩根斯坦以及他们著作的评论者非常关注的一个问题有直接关系：即是否"并不存在个人在赌博中采取纯粹的'冒险行动'而导致的（正或负）效用？采用哪种数学期望来消除这种可能？"（参见 John von Neumann and Oskar Morgenstern, *Theory of Games and Economic Behavior*, Princeton University Press, 1st ed., 1944; 2nd ed., 1947; p. 28)。我们认为，最好将这种假说解释为对赌博为什么会给消费单位带来效用或不利的一种特别的解释，解释为对效用或不利提供了一种特别的量度，而不应该解释为对赌博具有效用的一种否定（ibid, pp. 28, 629-632)。

② 由于 U 一直被认为是完全单调的，以合理化解释无风险的选择，因此若存在一种与 A 具有相同效用的收入，那么，这种收入就将是唯一的。如果 U 是连续的（为了简单起见，我们在本文中始终假定 U 是连续的），那么这种收入也将是唯一的。

如果 I^* 大于 $\bar{I}$，那么消费单位相比于具有同样保险精算价值的确定性收入更偏好这一特定风险，并愿意最多支付 $I^*-\bar{I}$ 来得到"赌博"特权。如果 I^* 小于 $\bar{I}$，那么消费单位偏好确定性并愿意最多付出 $\bar{I}-I^*$ 来对抗这种风险。

图 1（a）说明了愿意购买保险的消费单位（即 $\bar{I}>I^*$）的有关概念，图 1（b）说明了愿意进行赌博的消费单位（即 $\bar{I}<I^*$）的有关概念。在这两个图中，横轴表示货币收入，纵轴表示效用。在横轴上标出 I_1 和 I_2，那么 I_1 和 I_2 的保险精算价值 $\bar{I}$ 由以下比例分割 I_1 与 I_2 的点所表示：

$$\frac{1-a}{a}\left(\text{即}\frac{\bar{I}-I_1}{I_2-\bar{I}}=\frac{1-a}{a}\right)$$

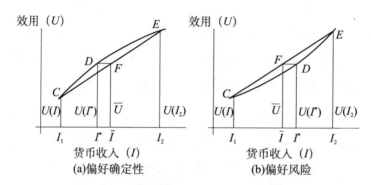

图 1　风险选择的效用分析示意图

在两图中分别画出效用曲线 CDE，用直线 CFE 连接两点 $(I_1，U[I_1])$ 和 $(I_2，U[I_2])$，从 $\bar{I}$ 出发，从横轴到该线的竖直距离即为 $\bar{U}$。因为 $\bar{I}$ 以 $(I-a)/a$ 的比例划分 I_1 和 I_2 之间的距离，所以 F 也以相同比例相应地成为 C、E 的分界点。所以，从 F 到横轴的竖直距离即为 $U[I_1]$ 和 $U[I_2]$ 的期望值。接着画一条水平的、过 F 点的直线，该直线与效用曲线的交点为 D，找到与 D 点对应的收入。这即为与 A 具有相同期望效用值的收入，记为 I^*。

根据图 1（a），画出效用曲线使 I^* 小于 $\bar{I}$。如果消费单位需要在 A 和大于 I^* 的一个值为 I_0 的确定性收入之间做出选择，他会选择确定性收入。如果收入 I_0 低于 $\bar{I}$，消费单位就会为了得到确定性收入而支付 $\bar{I}-I_0$。（用通俗的话来说就是"购买保险"）。如果确定性收入比 $\bar{I}$ 大，为了接受这个确定值他将被支付 $I_0-\bar{I}$，即使他愿意为确定性进行支付。我们也可以说他愿意"销售赌博"而不是"购买保险"。如果该消费单位需要在 A 和小于 I^* 的确定性收入 I_0 之间做出选择，他会选 A，因为尽管他愿意为了得到确定性收入而支付，但是他需要支付的费用超过了他愿意支付的最大值（即 $\bar{I}-I^*$）。这时候出现的情况就是：保费已经变得如此之高，以至于他已经变成了保险的卖方而不是保险的买方。

根据图 1（b），画出效用曲线使 I^* 大于 $\bar{I}$。如果消费单位需要在 A 和小于 I^* 的一个值为 I_0 的确定性收入之间做出选择，它会选择 A。如果收入 I_0 大于 $\bar{I}$，消费单位将会冒险支付 $I_0-\bar{I}$（也就是"购买赌博"）。如果确定性收入比 $\bar{I}$ 小，那么他将为了接受这种风险而被支付 $\bar{I}-I_0$，在这种情况下，我们可以说他愿意"销售保险"而不是"购买赌博"。如果该消费单位需要在 A 和大于 I^* 的一个值为 I_0 的确定性收入之间做出选择，他会选后者，因为尽管他愿意为了参与赌博而支付，但是他不愿意支付超过 $I^*-\bar{I}$ 的金额。这时候出现的情况就是：赌博的价格已经变得如此之高，以至于他已经变成了赌博的卖方而不是赌博的买方了。

很显然，消费单位愿意为某件事付款的（图形）条件是效

用函数高于其 $\bar{I}$ 处的弦。这一条件可以简单表示为 $U(\bar{I}) > \bar{U}$。类似地，如果效用函数曲线低于 $\bar{I}$ 处的弦，消费单位愿意为了得到风险而进行支付。

这些形式化的"保险"及"赌博"和人们通常所称的保险及赌博之间的关系是相当直接的，对于正在考虑购买保险的消费单位来说，我们将他目前的收入视为 I_2，并且他有可能失去一笔等于 $I_2 - I_1$ 的金额，因此，如果发生这种损失，其收入将减少到 I_1。他可以通过支付一笔等于 $I_2 - I_0$ 的保费来避免损失。一般来说，保费将大于 $I_2 - \bar{I}$，"附加费用"等于 $\bar{I} - I_0$。因此，购买保险意味着接受等于 I_0 的确定性收入，而不是接受具有更高期望值的两者选一的两种收入。同样，对于正在考虑是否进行赌博（例如，购买彩票）的消费单位来说，我们将他当前的收入视为 I_0，同时他有 $(1-a)$ 的概率获得等于 $I_2 - I_0$ 的增益，以回报他置自己于以 a 的概率失去一笔等于 $I_0 - I_1$ 的金额的风险中。如果参与赌博，其收入的精算价值是 $\bar{I}$，$\bar{I}$ 一般小于 I_0。$I_0 - \bar{I}$ 是消费单位为进行赌博 ["获得"住宅或"银行逼债"(the "take" of the house, or the "banker's cut")] 而支付的费用。

应当强调的是，这一分析只是对消费单位在涉及风险的选择中进行选择的一种特定假说的详细阐述。这个假说用效用函数来描述消费单位的反应，除了原点和单位度量值之外，这个效用函数是特有的，给出了被赋予特定收入的效用，迄今为止这是被理所当然地接受的。然而，对于在各种确定性收入之间的选择来说，这个函数只有一个微不足道的特征是合适的，即函数值随着收入的增加而增加。该函数的其余特征只与涉及风险的选择有关，因此只能从对这种选择的观察中推断出来。通过描述一个用于确定效用函数的理论性实验，我们可以很容易地说明消费单位在涉及风险的选择之间的偏好是如何隐含这些特征的。

选择任意两种收入，比如 500 美元和 1 000 美元，并给这两种收入任意赋予不同的效用，如分别为 0 和 1。这对应于任意选择原点和单位度量值。任意选择一个中间收入，比如 600 美元。假设消费单位可以进行如下选择：（A）以 a 的概率得到 500 美元和以（1−a）的概率得到 1 000 美元；（B）确定可以得到 600 美元。使 a 一直变动直到两种选择对消费单位来说没有差别（即直到 $I^* = 600$ 美元）。假设 a 的这种无差别值是 2/5。如果假设是正确的，那么可以得出：

$$U(600) = \frac{2}{5}U(500) + \frac{3}{5}U(1\ 000)$$

$$= \frac{2}{5} \times 0 + \frac{3}{5} \times 1 = \frac{3}{5} = 0.6$$

通过这种方式，我们可以确定消费单位赋予 500 美元和 1 000 美元之间的每一种收入的效用，为了得到 500～1 000 美元之外的收入的效用，例如 10 000 美元，可以让消费单位进行如下选择：（A）以 a 的概率得到 500 美元和以（1−a）的概率得到 10 000 美元；（B）确定可以得到 1 000 美元。使 a 一直变动直到两种选择对消费单位来说没有差别（即直到 $I^* = 1\ 000$ 美元）。假设 a 的这个无差别值是 4/5。如果该假设是正确的，可以得出：

$$\frac{4}{5}U(500) + \frac{1}{5}U(10\ 000) = U(1\ 000)$$

或者

$$\frac{4}{5} \times 0 + \frac{1}{5}U(10\ 000) = 1$$

或者

$$U(10\ 000) = 5$$

原则上，进行这个实验的可能性以及结果的可重复性，将提供对假说的检验。例如，若我们用不等于 500 美元和 1 000 美元的两种初始收入重复这个实验，产生了一个不同于上文初始效用函数的新的效用函数，且这两个函数除了原点和度量单位以外还有其他不同，那么这种假说所假设的行为的一致性就会是矛盾的。

给定一个以这种方式得到的效用函数，如果假说是正确的，我们就可以计算人们赋予的任何一组或几组可能收入的效用（即期望效用）以及相应的概率，从而预测这些收入组的哪一个会被选择。这是在本节开始时所要说明的表述。如果假设是正确的，那么完全了解消费单位在 A 和 B 等选择中的偏好，可以使人们有可能预测消费单位对涉及风险的任何其他选择的反应。

消费单位实际所做的涉及风险的选择通常要比我们用来阐述这个在 A 和 B 之间简单选择的假说复杂得多。这种复杂性主要来自两个方面：一方面，任何特定的选择通常提供无限多的可能收入；另一方面，"其他条件"通常并不一样。

可能的收入的多样性是非常普遍的：保险损失通常有超过一个可能值；彩票通常有不止一个奖项；来自某一特定职业、投资或企业的可能收入可能等于无限多数值中的任何一个。有一个假说认为，消费单位在 A 和 B 之间进行的简单选择中蕴含着消费单位在涉及各种程度风险的复杂选择中进行的选择的实质，这种说法绝对不是同义反复。

当然，这一假说并没有试图宣称消费者的选择如何受到了不同风险程度以外的其他情况的差异的影响。于我们的目标而言，这种差异的显著性在于，它们会大大增加获取关于人们对风险差异本身反应的证据的难度。如果没有明确认识到这一困难，那么人们可能会曲解许多偶然的经验，特别是通常被视为赌博的有关经验，从而就误认为它们与这个假说是相矛盾的。在很多所谓的赌博中，个人不仅要承担风险，而且要选择参与博弈的机制；也就是说，从技术意义来看，他不仅参与了赌博，而且购买了娱乐。我们可以设想将这两种商品分开：他可以单独购买娱乐活动，通过支付入场费进行使用无价值筹码的游戏；也可以通过让代理人根据详细的说明只购买赌博。[①] 进一步讲，保险和赌博经常以几乎单一的形式进行购买。对保险来说尤其如此。对购买彩票来说，当购买者不是赢家的旁观者时（例如，在美国购买的爱尔兰式赌金全赢制彩票或"数字"彩票赌博），情况也是一样。

这种假说包含着一个断言，即同样的效用函数可以用来解释那些涉及或者不涉及风险的选择，一种肯定会与这个假说所指出的断言相矛盾的行为的例子是：个人愿意付一笔比他可以赢得的最大金额更高的赌注来参与赌博。为了解释无风险的选择，有必要假设效用随收入而增加。因此，两个收入的平均效用永远不能超过其中较高的收入的效用，个人将永远不愿意为了最多赢得 99 美分而支付 1 美元。

我们需要更细致的观察来反驳这一论断，即人们对复杂

---

① 当然，这并不意味着个人愿意为联合商品支付的价格只是他愿意单独支付的价格的总和。事实上，当人们谈及"赌博的具体效用"时，在他们心中可能会有不同的含义。

的赌博行为的反应可以从他们对简单赌博的反应中推断出来。例如，假设一个人拒绝掷1次硬币获得1美元的机会，同时也拒绝掷1次硬币获得2美元的机会，但随后却接受了连续投掷2次硬币，第一次的结果决定第二次投掷是赢得1美元还是2美元的机会。这种行为肯定与这一假说矛盾。在这个假说下，第三种赌博的效用是前两种的效用的平均值。他对前两种赌博的拒绝表明它们每一种的效用都低于不赌博的选择，因此，如果该假说是正确的，那么第三种赌博的效用也低于不赌博的效用，他应该拒绝第三种赌博。

四、合理化解释可观察行为所需的对效用函数的限制条件

上一节对效用函数的一个限制条件是：总效用随货币收入的增加而增加。这一限制是为了使下述第一个事实合理化而加上的。现在，我们需要看一下第二节中描述的行为是否可以被假说合理解释，以及如果可以，这种行为会对效用函数产生哪些额外限制条件。为简化分析，我们将下面5个命题作为对第二节所述行为的基本特征的总结，并视其为事实：（1）消费单位更偏好高的而不是低的确定性收入；（2）低收入消费单位会购买或倾向于购买保险；（3）低收入消费单位会购买或倾向于购买彩票；（4）许多低收入消费单位会购买或倾向于购买保险和彩票；（5）彩票通常设置一个以上的奖项。

之所以选择这些特征，并不是因为其本身的重要性，而是因为它们便于处理，并且结果表明，为合理化解释所施加的限制条件足以解释第二节中描述的所有行为。

从图 1 以及上述讨论中不难看出，如果效用函数是处处上凸的（对于具有连续导数的效用函数来说，在任何收入水平上，货币的边际效用均不递增），根据我们的假设，消费单位将愿意参与任何公平的保险计划，但不愿意为了参与赌博而支出超过其保险精算价值的金额。如果效用函数是处处上凹的（对于具有连续导数的效用函数来说，在任何收入水平上，货币的边际效用均不递减），消费单位将愿意参加任何公平的赌博，但不愿意为超过其保险精算价值的任何风险购买保险。

因此，只有当消费单位的效用函数不是处处上凹的时，我们的假说才可以使命题 2 的解释合理化，即低收入消费单位倾向于购买保险；只有当消费单位的效用函数不是处处上凸的时，此假说才可以使命题 3 的解释合理化，即低收入消费单位会购买或倾向于购买彩票；并且只有当消费单位的效用函数既不是处处上凹的，也不是处处上凸的时，此假说才可以使命题 4 的解释合理化，即低收入消费单位会购买或倾向于购买保险和彩票。

同时，最简单的能够同时使三个命题的解释合理化的效用函数（具有连续导数）曲线的形状为：先有一个凸段，然后再向上接一个凹段，除此之外没有其他弧段。[①] 其中凸段必须位于凹段之前，这是由低收入消费单位购买保险和赌博的种类决定的：为了合理化解释消费单位为避免风险购买保险，任一条连接现有收入与较低收入的弦都必须低于效用函数；为合理化解释消费单位购买少量小概率大收益的赌博，任一条连接

----

① 效用函数曲线的扭折或跳跃可以使购买赌博或保险的行为合理化。例如，在折点处，效用函数可以由两个凸段或两个凹段组成。在忽略这一点的情形下，也不会失去一般性，因为这些扭折非常轻微，而且我们总能够找到办法来平滑它。

现有收入的点与较高收入的点的弦都必须高于效用函数。[①]

图 2 举例说明了一个满足这些要求的效用函数。假定此效用函数适用于低收入消费单位，其当前收入位于初始的凸弧段上，即 I^*。如果导致损失的风险出现，根据我们的假设（如果其不必支付过多的"附加费用"），消费单位必定愿意为免受损失而购买保险，这是由于任意一条连接 I^* 的效用曲线及因实际损失而降低收入的效用曲线之间的弦都将处处低于效用函数。消费单位将不愿意参与小型赌博。但假设他被提供了一个代表公平赌博的彩票，能够以小概率来赢得一笔相当可观的金额，即 $I_2 - I^*$，以及以较大概率损失相对较小的金额，即 $I^* - I_1$。由于期望效用（即 $I^* G$）大于 I^* 的效用，该消费单位显然更偏好赌博。事实上，其愿意为得到进行此赌博的许可而支付任何高达 $I^* - \bar{I}$ 的费用，也就是说，即使赌博的期望效用和 $\bar{I}$ 一样低，他也会倾向于接受赌博，而不是确定得到 I^*。因此，图 2 中的效用曲线与命题 2、3 和 4 明显一致。

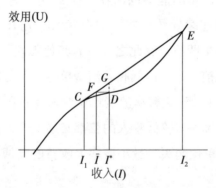

图 2　符合低收入消费单位购买保险和赌博的意愿的效用函数的图示

---

① 如果有两个以上的弧和连续导函数，则凸段必须位于凹段之前。

　　这些命题仅指相对低收入的消费单位的行为。通过对相对高收入的消费单位的行为的偶然观察，我们进一步寻求对效用函数的形状的限制，并检验当前施加的这些限制。[①] 但是这样做似乎不可取，原因有以下两个：（1）得到高收入消费单位行为的可靠信息要比得到更多的低收入消费单位的行为信息困难得多；（2）可能更重要的是，累进所得税会影响到高收入消费单位购买保险或进行赌博的条件，所以他们的行为很难为我们的目的提供有力证据。[②] 因此，我们将不通过对高收入消费单位的行为的观察资料，而是通过使用命题 5，即彩票倾向于设置一个以上的奖项，来了解更多关于效用曲线的高收入部分。

---

　　① 例如，具有如图 2 所示的效用函数和当前收入为 I_2 的高收入消费单位，将愿意参与范围广泛的各种赌博，包括购买彩票；虽然他愿意对那些期望值较大的损失投保，但不愿意对那些具有较小预期的损失（即只要支付较少的保费的损失）投保。因此，高收入消费者不愿意购买彩票或愿意购买低保费的保险的行为将与图 2 的效用函数相悖，需要施加进一步的限制。

　　② 所得税的影响已经在前面的脚注中提到，其在很大程度上取决于税法、保险或赌博计划的具体规定。例如，计算应纳税收入时未投保的损失是可扣除的（例如：联邦所得税项下由火灾造成的损失），而已投保损失的保费是不可扣除的（例如：为自有房屋投保的火险保费），此时消费单位损失的预期价值要低于在保险公司投保后所产生的损失。保费等于保险公司所计算出来的保险精算价值，但其超过了消费单位的实际损失。也就是说，政府实际上只支付了部分损失，因为它没有赔偿已经缴付的保费。另外，如果保费是可扣除的（比如为健康保险而支付的保费），而未投保的损失不可扣除（如家庭的医疗账单中超过 2 500 美元的部分是不可扣除的），那么消费单位的净保费低于保险公司收取的保费。同样地，根据联邦所得税制的规定，超过赌博损失的赌博收益应该纳税，而超过赌博收益的赌博损失不能扣除。现存的美国联邦所得税法对资本收益和损失的这种特殊处理，增加了问题的复杂程度。

　　即使保费和未投保的损失是可抵扣的，或应税收益和相应的损失可扣除，所得税仍然可能改变消费单位购买保险或进行赌博的条件，因为所得税实行的是累进税率。与收益应该缴纳的税收占收益的比率相比，大额损失所造成的税收扣除占损失的比率更小。

　　显然，这些不仅明确地适用于保险和赌博，还适用于涉及风险的其他经济决策，包括购买证券、选择职业或业务等。忽视这些考虑常常会导致错误的观念，即累进所得税不会影响资源配置，而这正是它与消费税的本质区别。

为了确定该命题对效用函数的影响，我们必须对彩票经济学进行简要的研究。考虑一个企业家发行彩票，并从中寻求收入最大化。为了简单起见，假设他预先决定彩票的发售数量，然后以他能得到的最高价格拍卖这些彩票。[①] 除了广告和其他类似宣传费用以外，彩票发行商所能掌握的变量即为有关彩票的条款：彩票的出售数量，奖品总金额（当然，它们也一起确定了彩票的保险精算价值）和提供的奖品结构。对于前两者的任意给定值来说，最佳的奖金结构是明确的，即使可获得的每张彩票的价格最大化的结构，也就是使每张彩票的价格最大限度地超过其保险精算价值的结构，即使每张彩票的"附加费用"最大化的结构。

在对图 2 进行讨论时，我们曾指出，$I^* - \bar{I}$ 是消费单位为了参与下列赌博而愿意支付的超出保险精算价值的最大金额，这个赌博有 $(1-a)$ 的概率赢得 $I_2 - I^*$ 的奖金，有 a 的概率损失 $I^* - I_1$ 的本金。这场赌博相当于这样一个彩票，这个彩票的价格为 $I^* - I_1$，有 $(1-a)$ 的概率获得价值为 $I_2 - I_1$ 的奖金，因此彩票的保险精算价值为 $\bar{I} - I_1$ ［即等于 $(1-a)$ $(I_2 - I_1)$］。如果消费单位赢得了这笔奖金，其净收入将是 $I_2 - I^*$，因为必须从总奖金中减去彩票成本，即彩票的购买价格。那么，企业家的问题就是如何选择彩票奖项的结构，以便在给定彩票的保险精算价值 $\bar{I} - I_1$ 的情况下最大化 $I^* - \bar{I}$。奖项结构的变化影响 $I_2 - I_1$ 的变化。如果只有一个奖项，那么

---

① 事实上，这是英国政府发行的多个官方彩票的活动方式。它经常向彩票经销商拍卖彩票经营权，这些彩票经销商负责将彩票发售给大众。参见 C. L'Estrange Ewen, *Lotteries and Sweepstakes* (London, 1932), pp. 234 - 240。

I_2-I_1 等于要分发的总金额 $[(1-a)$ 等于彩票数量的倒数]。
如果有两个相等的奖项，就等于 I_2-I_1 的二分之一 $[(1-a)$
等于彩票数量的倒数的 2 倍]。假设图 2 提到的是后一种情况，
其中有两个相等的奖项，则图中所示的 I^* 既表示消费单位的
当前收入，又等于彩票的收入。如果彩票的价格和精算价值
保持不变，但一个单项奖取代了两个奖项 $[且(1-a)$ 相应
地减少]，那么对消费单位而言，赌博将明显变得更有吸引
力。I_2 将向右移动，连接 $U(I_1)$ 和 $U(I_2)$ 的弦将向上旋转，$\bar{U}$
将增加，并且消费单位支付的金额将小于其愿意支付的最大金
额。彩票的价格也相应地上升；即 I_2、$\bar{I}$ 和 I_1 将会向左移动，
直到新赌博的 I^* 与消费单位的当前收入相等（旧赌博的 I^*）。
奖品的最佳结构显然为单一的奖项，因为这使 I_2-I_1 最大。

命题 5 说明，彩票通常具有一个以上的奖项，因此其与
图 2 的效用函数不一致。通过用合适的凸弧段结束效用曲线，
可以合理化解释这种情况。这就产生了如图 3 所示的一条效
用曲线。对于这样的效用曲线，在 $U(I_1)$ 的弦与效用曲线相
切的点处，$I^*-\bar{I}$ 将达到最大值，而一笔较大的奖金将产生较
小的 $I^*-\bar{I}$。[①]

------

① 增加的这段凸弧能够保证消费单位始终存在着某种当前收入，使得（a）有
吸引力的赌博存在；（b）有吸引力的赌博的最佳奖品存在最大值。但是，它并不保证
使有吸引力的赌博得以存在的每一种收入都成立。使有吸引力的赌博得以存在的当前
收入条件是：对于一定的收入来说，在当前收入上，效用曲线的切线低于效用曲线
（正如后面的许多技术性注释所显示的，这个观点不仅对图 3 所示的效用函数来说成
立，而且对任何一个可微的效用函数来说也成立）。当且仅当目前收入的效用曲线中
每条弦的收益都高于高收入消费者的效用曲线上的效用时，无论所分配的奖金额是多
少，无论奖金的固定保险精算价值是多少，单笔奖金都将是最优的。对于使（a）成
立的每一种收入来说，使（b）成立的一种特别的或引人注意的效用函数是那种使效
用随着收入的增加而趋于一个有限极限的效用函数。

如图 3 所示的曲线是与本节开头列出的五个命题相一致的最简单的效用曲线。

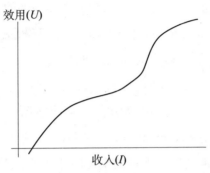

效用(U)

收入(I)

图 3　效用曲线的典型形状示意图

五、题外话

行文至此，额外考虑两个问题，虽然其与主题不完全相关，但很多读者可能会遇到这样的问题：首先，是否此假说不切实际？其次，是否可以对图 3 中的特殊效用函数进行合理的解释？

（一）假说在描述方面的"现实主义"

针对这一假说，可能会有很多人（如果不是大多数读者的话）会提出异议：这种假说与人类的实际行为和选择方式相矛盾。以下假设是不现实的，即个人在进行赌博或购买保险之前参考一条起伏的效用曲线，他们知道他们参加的赌博或保险计划的输赢概率，他们可以计算出赌博或保险计划的期望效用，他们基于期望效用的大小来做出决定——这些假设难道不是明显地不现实吗？

　　虽然上述异议非常自然且可理解，但其并不严格相关。这一假说并没有表明个人明确或有意识地计算和比较期望效用。确实，我们并不全然清楚这样的断言意味着什么，或者如何测试它。更确切地说，该假说断言，在进行一项特殊决策时，个人的行为就**好像**他们计算并比较了期望效用，就**好像**他们预知所有的输赢概率一样。这一断言的有效性并不取决于个人是否知道确切的输赢概率，更不取决于他们是否已经计算和比较了预期的效用函数，或者他们是否认为他们是这样做的，或者是否在其他人看来他们是这样做的，或者心理学家是否能够发现他们这样做的任何证据，而仅仅取决于该假说是否能对假说所涉及的这种决策做出足够准确的预测。换句话说，检验其预测结果是确定以上各种"好像"陈述是否足够接近现实的唯一方法。

　　一个简单的例子可能有助于澄清问题的要点。考虑下列预测问题：职业台球选手在每一次击球之前预测台球的运行方向。人们可能会建立一个或多个数学公式，根据公式计算出可以得分的台球运动方向以及使球运行到的最佳位置。当然，这些公式可能非常复杂，因为它们必然要考虑台球彼此之间的位置、台球相对于桌垫的位置以及台球"侧旋"引起的复杂现象。然而，这似乎并非不合理的，下述假说能够给出非常准确的预测，即台球选手击球之前，就好像知道这些公式，就可以用眼睛准确估计球的角度等描述球的位置的变量，或者可以利用公式进行闪电计算，然后可以使球沿公式指示的方向行进。除非能够证明台球选手从来没有研究过任何数学分支，并且完全没有能力进行必要的计算，否则这个预测绝不会反驳或驳斥这个假说，或者削弱我们对它的信心。除非他能在某种程度上达到与从公式中得到的大致相同的结果，否则他不太可能成为一名台球高手。

同样的理由也适用于我们的效用假说。无论个人如何根据心理机制进行选择，这些选择似乎都表现出一定的一致性，效用假说可以明确描述这一点。这一假说可以对尚无可靠证据的现象进行预测。对于一种特殊的行为，除非可以证明此类预测是错误的，否则此假说不能被认为是无效的。除此之外没有其他检验方式能够对其有效性做出决定性的判断。

（二）对效用函数的一种可能的解释

对图 3 的效用函数的一个可能解释是：将两个凸弧段对应于不同的社会经济阶层，并将凹段视为两个水平之间的过渡段。在这个解释中，那些使消费单位在自己阶层的相对地位提高，但却没有转移到其他阶层去的收入增加，会产生递减的边际效用；而能够被转移到一个新的阶层，且使消费单位拥有新的社会经济地位的收入增加，则会产生递增的边际效用。像大多数非熟练工人倾向于保险统计上公平的赌博那样，非熟练工人可能更倾向于确定性的收入，这样，最好的结果就是他成为最富裕的工人，而最差的结果就是他成为最贫穷的工人。然而，他可能从保险统计上公平的赌博中得到一个小概率的机会来使他一跃成为一个富人，把他从非熟练工人的阶层提升到"中等"或"上等"阶层，尽管比起之前的赌博来，他更可能使自己成为最贫穷的非熟练工人之一。然而，即使知道这些风险，人们也会冒险使自己成为富人。图 3 的效用曲线的凹段也许可以适当地解释这一行为对应的经济现象。

这一解释对这种假说提出了一些额外假说。第一，可不可能存在两个以上性质不同的社会经济阶层？如果存在的话，也许不是每一个阶层都能在效用函数的凸段上反映出来。目前，似乎没有观察到有需要引入额外凸段的行为，所以似乎没有进行进一步复杂假设的必要和需求。然而，可能会有必要添加一些凸段来解释经验证据所揭示的行为。第二，如果效用曲线的不同弧段对应于不同的社会经济阶层，那么，在同一群体中，收入大致相同的不同消费单位的分割点应不应该出现在相同的位置？如果这样的结果出现了，那么这个假说的成效会极大增加。我们不仅可以认为此效用函数的一般形状具有代表性，而且可以认为区分不同弧段的实际收入也具有代表性。初始凸段可被描述为适用于"相对低收入的消费单位"，终端凸段可被描述为适用于"相对高收入的消费单位"；而如此定义的组别，可由不同消费单位的实际收入或财富来确定。

当然，解释效用曲线的不同弧段时要与不同的社会经济阶层相对应，仍然允许消费单位在曲线的一定形状和高度上存在很大的区别。此外，没有必要假设区分各个弧段的不同收入的位置存在很大差异。不同的社会经济阶层之间并没有一个很清晰的界限；每一个阶层都可以以难以察觉的变化合并到另外一个阶层（当然，这样的变化解释了凹段所包含的收入范围）；而通常被认可的阶层之间的分界线会因时间、地点和消费单位的不同而改变。最后，不是每一个消费单位都需要一条像图 3 那样的效用曲线，因为有些人可能是顽固的赌徒，而其他人可能都很谨慎。对大部分消费单位而言，有这样的一条效用曲线就够了。

六、假说的更深层含义

为了回到我们的主题，我们还有两个任务要完成：第一，要表明图 3 的效用函数与第二节中描述但没用来推导这种函数的行为的特征是一致的；第二，提出一些能够被检验的假设的附加含义。

第二节中至今还没利用的一项主要的一般性结论是，一般来说，为了引导人们承担适度风险而非较大风险或较小风险，必须对他们支付一笔奖金。那么这个结论是否与图 3 的效用函数一致？

对于一个收入位于初始凸弧段的消费单位来说，该结论显然与图 3 所示的效用函数一致。这样一个低收入的消费单位将愿意支付比保险精算价值更高的保费，以防范可能出现的任何风险；他将会不喜欢那些小额的公平赌博；他可能不愿参与所有公平的赌博；如果不是上述情况，那么他将被只以一个很小的概率得到较大收益的公平赌博所吸引；在可能的损失和保险精算价值一定的情况下，在最初时，这些赌博的吸引力可能会随着收益的增大而增大，但其最终将随着可能收益的增加而减少。[①] 因此，与有可能赢得收益或造成损失的风险相比，消费单位更倾向于确定性收益或以一个较小的概率得到一个较大收益的风险。因此，为了诱使他们承担适度的风险，必须对他们支付一笔溢价。

对于一个收入位于凹弧段上的消费单位来说，上述一般性结论显然是错误的。这样一个"中等收入"的消费单位将被每一场公平的小赌博所吸引；他可能被每一场小额的公平赌博所吸引；他可能反对所有公平的保险，否则，他将受到

---

① 在初始凸段上，消费单位愿意为某种风险支付高于保险精算价值的保费，这是因为连接当前收入的效用以及较低收入的效用的弦，会处处低于效用曲线。因此，期望效用低于预期收入的效用。

为了分析这样的消费群体对不同的赌博的反应，考虑赌博是公平的极限情况，即 $\bar{I}=I_0$。如果这个消费单位接受这种赌博，那么 $\bar{I}$ 是他的期望效用；如果他不接受这种赌博，那么 $\bar{I}$ 是他的实际收入（即当前收入）。在 I_1 的值给定（即可能的损失给定）的情况下，我们可以通过画出一条经过 $U(I_1)$ 和 $U(\bar{I})$ 的直线来确定那些将吸引消费单位的可能收益（以及相应的概率）。对于大于这条直线延长线的纵坐标的 $U(I_2)$ 来说，大于 $\bar{I}$ 的所有 I_2 都是有吸引力的，而其他 I_2 都是没有吸引力的。

由于我们假定 $\bar{I}$ 位于最初的凸弧段上，因此，对于小于这条直线延长线的纵坐标的 $U(I_2)$ 来说，始终存在着一些大于 $\bar{I}$ 的 I_2。正是在这个基础上，我们才说消费单位将不愿意参与那些小的赌博。

考虑这样一条与效用曲线只相交于两点，而且处处都不低于效用曲线的直线。假定它与效用曲线的第一个交点处的收入（这也许是最低的可能收入）为 I'，第二个交点处的收入为 I''。如果消费单位的收入（即 $I_0=\bar{I}$）等于或小于 I'，那么，他将不愿意参与所有的赌博。这是因为这样一个事实：一条与效用曲线相切于 $\bar{I}$ 的切线，将比一条与效用曲线"相切于两点的切线"更陡，而且将与后者相交于小于 I' 的点；一条从 $\bar{I}$ 到较低收入的弦甚至更陡。正是在这个基础上，我们才说消费单位也许不愿意参与所有的赌博。

对于收入高于 I' 的群体来说，总会存在一些诱人的赌博。这些赌博将以一个很小的概率来获得较大的收益。根据我们在第四节中对那些有利于一期彩票只有一笔奖金的条件所做的分析，我们认为赌博的吸引力随着可能收益的变化而变化。

对大损失进行保险的吸引。① 因此，这样的消费单位将愿意为了承担适度的风险而支付保费。

对于一个收入位于最终凸弧段的消费单位来说，上述结论部分是正确的，部分是错误的。这样一个高收入的消费单位将愿意为任何小的可能的损失投保，并可能被吸引到任意一个公平的保险计划中；他唯一可能不愿参加的保险计划是涉及大损失的计划；他可能反对所有公平的赌博，否则，他将会被那些提供相当确定的收益（虽然金额较小）但有较小概率出现大损失的赌博所吸引；他将不愿参加所有彩票形式的赌博。② 因此，与适度的风险相比，这些消费单位更喜欢确定性收入；在这方面，他们符合上述一般性结论。然而，与极端风险相比，他们可能更倾向于适度风险，虽然这些形容词几乎不足以描述图 3 所示的效用曲线中高收入消费单位隐含的复杂的风险偏好模式。然而，在这方面，高收入消费单位的潜在行为既非中立，也不与这个一般性结论相反。

因此，我们的假说并不必然导致涉及中度风险的资源使用的收益率高于涉及很少或更多风险的资源使用的收益率。对于所讨论的资源使用方式来说，只有当位于两个凸

---

① 我们考虑效用曲线的这样一条切线：切点处的收入等于消费单位不参与赌博时所得到的收入（即 $\bar{I} = I_0$）。如果这种收入位于凹弧段上，那么，至少对于围绕 $\bar{I}$ 的一个收入区间来说，切线将低于效用曲线。一条连接曲线上 $\bar{I}$ 两边而且位于这个区间内的任意两点的弦，在 $\bar{I}$ 处将始终高于效用曲线（即期望效用将高于预期收入的效用），所以这些赌博将是有吸引力的。此切线可能位于所有收入效用曲线之下。在这种情况下，每一个公平的赌博都将是有吸引力的。如果从当前收入到由损失造成的更低的收入之间的弦处处位于效用曲线之上，那么无论损失发生的可能性有多大，该消费单位都将不愿意为损失投保。对于小的损失，这肯定是正确的，对于其他可能的损失，它可能是真实的。

② 这些说法直接来自前面两个脚注中的注释。

弧段上的消费单位在重要性上大于位于凹弧段上的消费单位时，我们才能说与将资源用于小风险相比，将资源用于适度风险将会获得较高的收益率。[①] 相似地，只有当位于初始凸弧段上的消费单位在重要性上大于位于凹弧段和最终凸弧段上的消费单位时（尽管位于最终凸弧段上的消费单位的确切角色具有不确定性，这是一个超出必要程度的严格条件），我们才能说与将资源用于大风险相比，将资源用于适度风险将会获得较高的收益率。

在各弧段上，消费单位的这种相对分布可以被认定为是一个额外的限制条件，以便合理化解释将资源用于适度风险会取得高收益。然而，因为存在两条独立的思路，需要考虑将两者结合在一起来确立某些假设，即相对较少的消费单位处于凹段。

其中一条思路基于对上文第五节第二小节提出的效用函数的解释。如果凹段是两个性质不同的社会经济阶层的分界线，那么可以预测二者之间将存在很少的消费单位。

另一种思路基于这种假说在不同弧段上的消费单位经济状况的相对稳定性的含义。处于中间弧段的群体受到每一种小赌博和某些大赌博的吸引。如果条件允许，他们将不断尝试风险。因此，幸运的话他们将向上移动，离开原来的消费阶层；不幸的话将会向下移动，走向更差的阶层。另外，两个凸段中的消费单位不太可能移动到中间段。在初始凸段的消费单位接受的赌博将很少有回报，如果有回报，可能会将

---

① 这个结论是刻意含糊的。实际的相对收益率不仅取决于不同种类的风险的需求条件，而且取决于供给条件。这两者都必须在综合说明中加以考虑。

他们全部转移到最终的凸段上。处于最终凸段的消费单位接受的赌博将很少涉及损失。如果损失出现，可能会将他们全部转移到更低的初始凸段上。在这些条件下，要维持三段中群体分布的稳定，将要求两个凸段包含的个体比凹段多。这些考虑虽然具有说服力，但却不是不容置疑的，承担风险的机会可能不存在。更重要的是，消费单位的地位不仅是由有目的承担的风险的结果决定的，而且是由他们不能选择和无法控制的随机事件确定的；可以想见，这些随机事件可能以下列方式分布：它们的主要作用是使凹段上的消费单位成倍增加。

在人力资源的各种用途之间的选择中，处在不同弧段上的绝对人数将产生重要的影响；在非人类资源的各种用途之间的选择中，财富将产生重要的影响。[①] 因此，人们可能预测，对于职业而言，承担适度风险而不是大风险的保费将高于投资的保费。事实上，在某些情况下，对于投资而言，保费的差异可能正好相反，因为高收入消费单位（在终端段）拥有的财富比例高于他们人口的比例，而且与极端风险相比，他们可能更喜欢适度风险。

在判断我们的假说对整个市场的影响时，我们认为有必要分别考虑其对不同收入群体的影响。这些含义提供了经验检验的其他可能性。也许最有成果的数据来源将是不同收入群体的投资策略。

---

① 这一区分需要限制条件，因为进入某些行业需要资本，从而存在一些"非竞争性集团"。参见 Milton Friedman and Simon Kuznets, *Income from Independent Professional Practice* (New York: National Bureau of Economic Research, 1945), chap. iii, sec. 3; chap. iv, sec. 2.

在第二节里我们指出，虽然很多低收入人士愿意购买极具投机性的股票，但低收入群体以利息及租金的形式获得大部分财产收入。这些观察与我们的假说是一致的。根据我们的假说，高收入群体可能会投资债券和相对安全的股票。他们可能会避免极具投机性的普通股，但会被高等级优先股吸引，因为其名义收益率高于高等级债券支付的名义收益率，以弥补风险较小的资本损失。我们可能预期中等收入群体会持有相对较大份额的适度投机的普通股，并且有很高比例的人会成为企业家。

当然，如上文所述，这些方面的任何实证研究都必须考虑到累进所得税在改变投资条件方面的影响。目前美国联邦所得税有相互矛盾的影响：累进利率阻碍了风险投资；资本收益的优惠待遇鼓励了风险投资。此外，这项研究将必须考虑将投资风险作为一个整体而不是个人的投资的风险，因为富人可能处于"平衡"风险的位置上。

上面提到的另一个可能易受经验检验影响的含义，也是我们要引用的最后一个含义，是不同经济群体相对收入状况稳定性的隐含差异。对高收入消费单位和低收入消费单位来说，缺乏吸引力的小风险往往会给他们带来相对稳定的收入状况。相比之下，假设效用曲线没有终端凸段，而是像图2那样的曲线。低收入的消费单位仍然有一个相对稳定的地位：他们很少愿意参与那些盈利概率很小的赌博，这会让很多人不能从一个阶层转移到另一个阶层。但高收入的消费单位的收入状况则不稳定。他们愿意参与所有的赌博，那些现阶段有高收入的人在未来不见得还会有高收入。"风水轮流转"的平均时间要比"三代"短得多。[①] 与其他两组不同，我们也许能预测中等收入阶层的收入状况会相对不稳定。[②]

七、结论

消费单位在面临的各种选择中做出选择，现有的经验证据对于这种行为做出了一个合理的概述，而这种概述是基于一种假设，即一个消费单位（通常是一个家庭，有时是一个个体）的行为就好像：

1. 它有一组一致的偏好集。

2. 这些偏好完全可以通过为每一个被认为是确定的选择赋予一个数值（即效用）来进行描述。

3. 消费单位在无风险选择之中选择时，会选择那种具有最大效用的方案。

4. 消费单位在涉及风险的选择中进行选择时，会选择那种具有最大期望效用（与预期收入的效用相对应）的方案。

5. 描述货币收入效用的函数一般具有以下属性：

（a）效用随收入的增加而增加，即货币收入的边际效用

---

① 由于很难考虑所得税的影响，因此，我们没有使用不存在这种不稳定性的假定来推导最终的凸弧段。

② 现有的关于相对收入状况稳定性的数据太少，无法反驳或证实这一含义。弗里德曼和库兹涅茨在对自由职业人员收入所做的研究中发现：在所有的收入水平上，相对收入状况几乎同样稳定。然而，这项研究与此几乎没有相关性，因为它的研究对象是相似职业的人员，这些人员往往属于这里所讨论的收入组中的同一个收入组。沿着类似的思路，豪斯特·门德肖森（Horst Mendershausen）对 1929 年和 1933 年的家庭收入所做的分析是没有说服力的。参见 Milton Friedman and Simon Kuznets, *Income from Independent Professional Practice*（New York：National Bureau of Economic Research，1945），chap. vii；Horst Mendershausen, *Changes in Income Distribution during the Great Depression*（New York：National Bureau of Economic Research，1946），chap. iii。

处处都是正的；

（b）在低于一定收入水平时，效用曲线上凸；在该收入水平与某个较高收入水平之间时，效用曲线上凹；在较高收入水平上，效用曲线上凸。即在收入低于某个收入水平时，货币收入的边际效用递减；在介于两者之间时，货币收入的边际效用递增；对较高收入来说，货币收入的边际效用递减。

6. 大多数消费单位倾向于将收入放在效用函数的一部分弧段上，在这些弧段上，货币收入的边际效用递减。

这一假说的观点 1、2、3 和 5a 都隐含在传统的选择理论中，第 4 点来自一个古老的想法，最近由冯·诺依曼和摩根斯坦复兴并给出了新的内容，观点 5b 和 6 是本文试图利用来合理化解释现有的关于人们在各种风险选择之间进行选择的知识。

观点 5b 是从以下现象推断出来的：（1）低收入消费单位会购买或倾向于购买保险；（2）低收入消费单位会购买或倾向于购买彩票；（3）很多消费单位会购买或倾向于购买保险和彩票；（4）彩票通常设置一个以上的奖项。之所以选择这些特征作为对观察到的行为的基本特征的总结，并不是因为其本身的重要性，而是因为它们便于处理，并且结果表明，为合理化解释所施加的限制条件足以解释在第二节中描述的所有行为。

对观点 5b 中规定的效用曲线的各个弧段的可能解释是：边际效用递减的不同部分对应不同的社会经济阶层，而边际效用递增的部分对应低收入和高收入社会经济阶层的过渡阶段。在这种解释上，同一团体中不同人群的界限应大致相同。这是推导出观点 6 的几个不同思路之一。

　　这个假说除了对在推导中使用的行为有意义之外，还对那些与可能被观测到的数据相矛盾的行为有意义。特别是一个基本的假设，即单一的效用曲线可以同时概括无风险选择和风险选择的基本假定在下列条件中将被反驳：如果（1）个体被观察到在给定的两个确定的收入之间选择了更高的那个，但是（2）为了承担风险，个体更愿意支付的金额超过最大的可能增益。如果人们对复杂赌博的反应不能从他们对简单赌博的反应中推导出来，那么人们寻求最大化期望效用的假设将与事实相矛盾。在观点 5b 中规定的效用曲线的特定形状会与大量观测结果相矛盾，例如：（1）无论他的收入如何，在为对抗小风险而购买保险的个人不愿意购买"娱乐"的情况下，普遍都愿意参与小型公平赌博。（2）与（1）相反，即不愿意为了抵抗小风险而购买公平保险的个人，不愿意参与小型公平赌博。（3）在其他条件相同的情况下，与将资源用于适度风险的情况相比，将资源用于小风险的情况可以获得高的平均收益率。（4）相对低收入群体的投资组合集中在投机性（但不是高度投机性）投资上，高收入群体的投资组合集中在中等或高度投机性投资上。（5）由于高收入群体或低收入群体倾向于从事投机活动，他们的相对收入状况极不稳定。

期望效用假说和效用的可测性 *

米尔顿·弗里德曼；伦纳德·萨维奇

目前，人们开始重新关注一个涉及风险的选择的假说，该假说由加百列·克莱姆和丹尼尔·伯努利（Daniel Bernoulli）提议，由阿尔弗雷德·马歇尔进行实际运用，最近又由冯·诺依曼和摩根斯坦再次使用：在这种风险下，个人做出的选择就像是要寻求一些数量的预期价值的最大化。由此定义的假定数量，特别是在最近，被称为"效用"。如果这个假说在一个足够宽泛的领域中是合理有效的，那么它将会对经

    * 我们感谢威廉·鲍莫尔（William J. Baumol）和雅各布·马尔沙克（Jacob Marschak）对本篇的早期文稿的有益评论。

    这篇论文的主要撰写者是伦纳德·萨维奇（Leonard J. Savage），他是约翰·西蒙·古根海姆纪念基金会（John Simon Guggenheim Memorial Foundation）的一名成员，也是《富布赖特法案》（Fulbright Act）下的法国研究学者（公法584，第79届国会）。他的贡献是其在芝加哥大学期间由海军研究办公室资助所获得的工作成果。

济理论产生深远的影响。[①] 它给以下两种经济行为提供了统一解释，在传统上，对这两种经济行为的阐释一直是沿着两个不同并且在很大程度上不协调的方向进行的：第一种是从被认为确定的各种可能选项中进行的选择，该选择由基于所讨论商品的一致偏好以及在此偏好量尺上细致选取最高取值的方式进行合理化解释；第二种是从涉及风险的各种选项中进行的选择，该选择由对"风险"或"不确定性"的未恰当定义的偏好进行合理化解释，这些选择通常被认为是"非理性的"，因为在这些偏好中，没有简单合理的通用描述，而只能由个体的特定情况决定。此外，期望效用假说具有潜在丰富的实证性内容。正如我们在其他地方所述的那样，在涉及风险的情况下，一些简单而被广泛接受的关于风险环境下的行为的实证性概括可以被用来特别地应用到该假说上，使其就特定情况引出重要的意涵和预测，这些情况使得该假说不容易更方便地适用于偶然的实证观察。[②] 这些预测一旦被验证，反过来，该假说的成果也可以用来进一步证实该假说的可靠性。

---

① 这种预期价值的最大化也可能被视为关于行为的一项准则。因此，它将对统计理论产生重要的影响。另见 L. J. Savage, "The Theory of Statistical Decision," *Journal of the American Statistical Association*, XLVI (March, 1951), 55 - 67。该准则在此领域的成功，与其在涉及不确定性的其他决策领域一样，不取决于对人们整体经济行为进行的实证上的验证，而在于它作为面临不确定性时采取"明智"行为的规则的可接受度，尤其是对于那些正在面临这些决策的人们而言。

② Milton Friedman and L. J. Savage, "The Utility Analysis of Choices Involving Risk," *Journal of Political Economy*, LVI (August, 1948), 279 - 304; reprinted in American Economic Association, *Readings in Price Theory* (Chicago: Irwin, 1952), pp. 57 - 96. F. Mosteller 和 P. Nogee 在其论文中讨论了该假说的实验性使用，参见 "An Experimental Measurement of Utility," *Journal of Political Economy*, LIX (October, 1951), 371 - 404。

遗憾的是，该假说的初期使用中的双重错误阻碍了人们对它的含义、相关性以及作用的一般性理解：第一，数值效用，仅除了原点和度量单位以外，对于从各种被认为确定的选项中做出选择的分析是必要的；第二种错误在于，对于这种可衡量效用必然以同样的方式决定着从涉及风险的选项中做出的选择。维尔弗雷多·帕累托、尤金·斯勒茨基（Eugen Slutsky）和后来的学者们发现，这样的数值效用对分析无风险的选择是不必要的，这一发现是一个重要的理论进步。但是，无风险选择的效用测量也必然适用于涉及风险的选择这一观点的存在，将人们的注意力从这一可能性（即存在某一无法从无风险选择中推导出来的函数，但其预期值决定着涉及风险的选择）上转移开来。

在该背景下，最近重新审视和阐释该假说的学者们，应该正确、清楚地阐明：除了原点和度量单位以外，该假说在何种程度上证明或允许对产品及服务的偏好进行测度；同时或许应该另外选用其他名字来命名这一测度，而不是用"效用"这个具有复杂含义的名称。遗憾的是，这些学者没有做到这两点中的任何一点。冯·诺依曼和摩根斯坦在重新阐释这一假说的同时，提出了他们富有启发性的公理化，但未能充分避免歧义和误解，实际上，一些不甚谨慎的阐述可能会再次促成人们的误解。同样地，我们自己对假说和实证证据之间的关系的阐述，因为未能完全直接解决可测性问题，也是不完善的；实践证明，我们对问题的附加说明还不够清晰，也可能加深而不是减少误解。

威廉·鲍莫尔最近在**本刊**中的论证为在一定程度上修复

我们之前的错误提供了一个极好的时机，即尝试给出肯定或者否定该假说的依据，并且在一定程度上证明或使效用的可测性处理成为可能。①鲍莫尔专门针对这一问题明确地批判了对可测性的早期讨论中自然产生的假说。

鲍莫尔反对这一假说的两个理由分别是：（1）"冯·诺依曼-摩根斯坦效用的构建可能与个人偏好的度量不一致"；（2）"冯·诺依曼-摩根斯坦效用指数"可能是"不合理的、随意的"。②第一个反对意见提出了基于何种理由该假说应该被接受还是被拒绝的普遍性问题（第一节）；第二个反对意见提出了在何种意义上，该假说使得效用具有可测性（第二节）。

一、接受或者拒绝假说的理由

一个科学假说的作用是使我们能够"预测"尚未观测到的现象，也就是说，对尚未观测到的现象做出有可能被反驳，或者实际上没有被实践反驳的陈述。如果关于未观测到的现象的陈述不能被反驳，那么这个假说是空洞的，因此无法被

---

① William J. Baumol, "The Neumann-Morgenstern Utility Index—An Ordinalist View," *Journal of Political Economy*, LIX (February, 1951), 61-66. 鲍莫尔曾提出一个问题，即伯努利和马歇尔是否保留了预期的效用假说，或者"消费者总是接受使用风险选项的精算价值来表示其效用"（第62页）这一假说。对这个问题的回答是明确的。伯努利的论文的主要议题是，区分两种假说以解决圣彼得堡悖论及类似的其他悖论的必要性。在最初的拉丁文本中，他将后来所谓的"期望效用"表述为"报酬媒介"。克莱姆（Cramer）在用法文写给尼古拉斯·伯努利（Nicholas Bernoulli）的信件中［丹尼斯·伯努利（Daniel Bernoulli）在他的论文的最后部分引用了该内容］，对"数学期望"（espérance mathématique）和"道德期望"（espérance morale）做了对比和区分。在他的数学笔记中，马歇尔明确地处理了期望效用，而不是预期的货币价值。参见 Friedman and Savage, *op. cit.*, pp. 280-281，以及其引用的参考文献。

② *Op. cit.*, pp. 62 and 65.

用于预测——假设一个人会选择他想选择的东西，这显然是"正确的"，但同样是"空洞的"，因为这之中没有任何可反驳性。如果关于未观测到的现象的陈述（"经常性地"或者比另一种假说所引出的陈述更频繁、更显而易见地）为可反驳的，那么这个假说便是错误的。能够与假说相抵触的可观测现象范围越广，其**潜在的**成果就越大，因为这等同于更高的预测准确性。如果假说成功地经受住了矛盾的检验，这种情况的范围越广，对其有效性的信心就越大。我们迫切需要的是这样一种假说：它能产生高度精确的预测（预测很容易出错）；且已经被用来实施许多这样的预测（非常容易被反驳）；而这仅仅产生了"正确"的预测（一再未被反驳）。

这些关于如何选择假说的老生常谈和过于简化的讨论结果是必要的，因为其蕴含的拒绝性理由是大多数针对期望效用假说的批评的基础所在：一个假说之所以被反驳，既因为它并非"空洞的"，又因为它是可错的。例如，鲍莫尔说，他可以构想出与期望效用假说相矛盾但并不明显"无道理"的行为，而该假说引致的一些结论"并非内省式地明显"。①在某种程度上，鲍莫尔是在说，随意的观察和自省表明这个假说是错误的。这一论断提出了反对这一假说的相关证据，因为它实际上认为粗略观察到的经验与假说的预测有所抵触。然而，从例证和语境中可以清楚地看到，鲍莫尔也在说明一些相当不同的东西，他认为它们同样是反驳该假说的相关证据；也就是说，该假说并不是显然和必然正确的，反驳该假说的

---

① Ibid., pp. 64 and 65.

行为可以是想象而来的，而并非通过粗糙的方式被观察到的。根据上文，这个特征明显是一个科学假说的优点所在，而不是缺陷——它是对假说必须为真（一种同义反复）这一观点的有效拒斥。列举与反驳假说的行为的可能性意味着该假说不是空洞的、无意义的；这样的行为并不是"无道理的"或"不言自明的"，意味着该假说**如果有效的话**，将可以使得我们能够做出更精确的预测。①

但是，即使预设期望效用假说的**潜在**成果显著，而同上面引述的那些观点类似的反对意见并不成立，又有什么正面的原因可用来让人们接受它呢？它是否曾反复经受住可反驳性的考验？有什么令人信服的理由来支持它会或者继续经受住考验吗？一个非常肯定的答案可以用来回答这些问题，但也仅此而已；就目前的情况来看，尽管此假说的存在时间已相当长，但它必须被看作是一个值得期待的推测，它更多地从间接证据中而不是从经受住"关键"实验的直接考验中得到其显而易见的可靠性。

很多关于该假说与经验的一致性的现成证据，即该假说

① 同样地，鲍莫尔积极地评论了自己的一项创设，即："没有一种情形下的'效用'是由从其他情形下的效用推导出来的"（Ibid., p. 66）。但这仅意味着他的假说几乎是空洞的，因而几乎不能增强我们预测行为的能力，因此几乎了无生趣。根据鲍莫尔自己的隐含标准，通常的无差异曲线的序数分析将不得不被拒绝。通常的设置方式接近但又不完全是无意义的，因为它们至少暗示了可传递性。可以想象的是，人们可能会选择橙子，而不是苹果，选择苹果优于坚果，但是又选择坚果优于橙子，这与可传递性是不一致的。

与物理科学的类比可能有助于澄清这一争议。物体之间的引力与它们之间距离的立方成反比并没有显然的错误，而引力与物体之间距离的平方成反比也不是那么显而易见。如果观察到的结果与平方反比定律相矛盾，我们可以很容易地构想出一系列测量方法来对其进行验证。显然，以上表述都不是对平方反比定律的有效反对；它们只是意味着其背后所拥有的潜在力量。

无法被经验所反驳，在我们之前的文章中有所总结。在那里，有部分篇幅被用来特例化该假说。在那篇文章中我们提出了更多的反驳可能性，但是截至目前这些可能性还没有被好好探究。莫斯特勒（Mosteller）与诺杰（Nogee）[1]贡献了一些可直接观测的证据，但未能反驳该假说。然而，这种相对直接的证据远不足以树立任何对假说有效性的信心，充其量只能支持温和的乐观主义。

我们相信，这一假说的真正吸引力来自间接证据而不是直接证据，这些证据使得假说将继续无法被反驳显得合理，至少在某些重要领域是如此。这一间接证据在一定程度上是由假说与其他经济学理论的一致性提供的。在更大程度上，它们是由一组假设前提的合理性提供的，这些前提假设足以推出该假说，而且它们本身也可由该假说引出。当我们说，在二者在逻辑上相互等价这一意义上，这些前提假设更具合理性，我们的意思是，这些前提假设可以让我们马上联想到大量隐含推论（或来自假说的预测），这些隐含推论很容易获得偶然的经验观察的证实。关于这些推论所涉及的现象的类别，这一假说提供了很多可资反驳的机会，但一再未被成功反驳。这些证据是"间接的"，因为我们最感兴趣的不是这类现象，我们主要是想利用这个假说进行预测。假说相对于这一类别现象所取得的成功使其相对于另一个不相关类别的现象取得成功的可能性更加具有合理性；然而，我们并不能以此作为在后者面前树立对该假说的信心的直接证据。

---

[1] Op. cit.

　　冯·诺依曼和摩根斯坦的重要贡献是，他们通过该假说的公理化提供了上述间接证据。因为在我们之前的论文中对冯·诺依曼-摩根斯坦前提假设的翻译中存在一个错误［鲍莫尔在他的脚注 16 中谈及，保罗·萨缪尔森（Paul A. Samuelson）也提醒我们要注意这一点］①，并且由于我们中有人（萨维奇）在另一项接续性的工作中就该假说的前提假设做了进一步的研究，此处我们将给出一个关于这一假定性证据的重新陈述。②

　　为了简单起见，我们假设个人某一选择过程的最终结果是有限数量的可能结果中的一项，比如包含元素 x_1，x_2，…，x_n 的集合 X——这些结果，x_i，可以被描述为可归个人的"收入"，以便在最广泛的意义上被理解和接受；例如，现金收入、跨时期的现金收入计划、一篮子商品、爱情和战争中的命运，等等。只有有限数量结果的假说显然没有任何实际的重要性；在数学上，这是一个可以去除的缺陷。

　　在此之前，可供选择的备选方案仅由一组概率分布组成。我们称所有的选择为"预期"（prospect），即对于概率分布 f，若概率为 f_1，则最终结果为 x_1，若概率为 f_2，则最终结果为 x_2，依此类推，它可以被解释为一个赌局或彩票，对于每一个 i，以 f_i 为概率给出收入 x_i。

---

　　①　这一错误是在《价格理论读物》（*Readings in Price Theory*）重印的版本第 71 页中被提及和更正的。

　　②　在这里提出的假说体系和动机可能与马尔沙克的第三部分的相应材料相比较，二者非常契合，参见 "Why 'Should' Statisticians and Businessmen Maximize 'Moral Expectation'?" *Proceedings of the Second Berkeley Symposium on Mathematical Statistics and Probability*（Berkeley：University of California Press，1951），pp. 493 - 506。

前提假设指的是在上文固定有限集合 X 上定义的所有可能的概率分布，即 f，g，h，…的集合 F。当然，并不是所有这些概率分布在任意情况下对个人来说都是可得的。F 的一个元素 f 可以用记号法 $f=[f_1, f_2, \cdots, f_n]$ 表示，此处的 f_i 是非负数，其总和为1。

表达式 $f \leqslant g$ 可被解读作并解释为"赌局 f 相对于赌局 g 来说不是首选的（对个人来说）"，换句话说，对个人来说，如果 f 和 g 是两个唯一可供选择的选项，他就不会系统地选择 f。

虽然还没有引入任何假说，但在迄今为止定义的结构中有一个非常重要的隐含的假说；也就是说，在不确定情形下的个人偏好只能被附加在每一个收入上的概率支配。这个假说为进一步的分析提供了可能，也值得这样做。但是此处，我们将略过这一分析，因为我们认为，按照通常有所保留的说法，该假设对于效用假说的现有批判来说是可以接受的。

设 $f=[f_1, \cdots, f_n]$，$g=[g_1, \cdots, g_n]$，且 $0 \leqslant a \leqslant 1$，这一符号性的约定有益于前提假定的陈述；进而，$af+(1-a)g=[af_1+(1-a)g_1, \cdots, af_n+(1-a)g_n]$。显然，$af+(1-a)g$ 本身就是 F 的一个元素。当 a 等于1或0时，它就会分别缩减到 f 或 g。接下来，我们将以非常正式的方式讨论上述假定。

P1. 对于 F 中所有的 f、g 和 h（不一定完全不同）；

1. $f \leqslant g$ 或 $g \leqslant f$。

2. 如果 $f \leqslant g$ 且 $g \leqslant h$，则 $f \leqslant h$。

P2. 若对于所有的 a，其中 $0 \leqslant a < 1$，$af+(1-a)h \leqslant g$，则 $f \leqslant g$。

P3. 对于 $0<a<1$，当且仅当 $f\leqslant g$ 时，$af+(1-a)h\leqslant ag+(1-a)h$。

若 P1~P3 成立，效用假说可以严格地引出如下定理。

定理： 对于任意 s 和 t，且 $t>0$，均存在数值 c_i，…，c_n，当且仅当

$$\sum f_ic_i \leqslant \sum g_ic_i$$

时，$f\leqslant g$。此外，存在一些 s 和 t，且 $t>0$，任意上述数值序列 c_i 和 c_i' 均可以以下述方式联系：

$$c_i' = s+tc_i$$

这个定理（也即期望效用假说）的证明很简单，但不适合在这里展开。[①] 相反，几乎显然的是，即使是这个定理的第一部分也足以引出 P1~P3，验证了上文所提出的一个论断。

对于我们来说，重要的问题是，这些前提假定是否能够在较为合理的程度上与可观察的经济行为相一致，而这个问题将会依次由三个假定来论证。

第一个假定表明，个体可对所有可选项进行完整而一致的（可传递的）排序；也就是说，一个人可以分辨出两个对象，或者分辨出更喜欢哪个以及不喜欢哪个；他或许不喜欢 f 而喜欢 g，又不喜欢 g 而喜欢 h。经济学家们对于这些以及与之密切相关的假说已经给予了非常多的关注。人们普遍认为，它们非常具有内在的吸引力，而且它们与经验的一致性虽然

---

① 冯·诺依曼和摩根斯坦的附录提供了更多的证明，参见 *Theory of Games and Economic Behavior* (2d ed.; Princeton: Princeton University Press, 1947)。

不完美，但已经足够好并值得获得持续的关注。[①]

第二个假定是关于连续性的技术性假定，它似乎是完全可以接受的，尽管它并非完全没有内容。例如，它指出，如果一个人不需要过马路，不管交通状况如何，即使根本没有危险，他也不会穿过马路。

效用假说的批评者认为实际上第三个假定似乎缺乏充分的支持。但我们要证明，这个假定是由一个原则引出的，我们相信，从它的直觉吸引力来看，它是所有有关不确定性下明智行为的普遍原则中相当独一无二的。这个原则是众所周知的，也是公认的；希腊人肯定已为其命了名，尽管其在当下英语中没有特定的名称。

为了在下定义前阐明这一原则，假设一位内科医生现在知道他的病人患有好几种疾病，对于每一种疾病，医生都给他开了药方，让他立即卧床休息。我们断言，在这种情况下，医生应该（除非感到困惑）会给病人开药方让其立即卧床休息，无论在何时也无论他能否为病人做出准确的诊断。

更为抽象地说，考虑一个被限制在两个选项 a 和 b 之间进行选择的人，而不知道某个特定事件 E 是否可以（或将要）获得收益。假设根据他的选择和 E 是否获得收益，依据以下表格，他将接受四个（不一定明显的）赌局。

选项	事件	
	E	非 E
a	$f(a)$	$g(a)$
b	$f(b)$	$g(b)$

[①]　参见 Friedman and Savage, op. cit., p. 288, n. 23, 其中的参考文献提到了阿姆斯特朗（W. E. Armstrong）的不同观点。

对于目前具有足够普遍性的原则表述如下：如果一个人相对于 $f(b)$ 并不偏爱 $f(a)$，同时相对于 $g(b)$ 并不偏爱 $g(a)$，那么他相对于 b 也不会偏爱 a。并且，如果一个人相对于 b 偏爱 a，那么他或者相对于 $f(b)$ 更偏爱 $f(a)$，或者相对于 $g(b)$ 更偏爱 $g(a)$。

我们猜想，当读者考虑这一原则时，根据前文所展示的内容以及他自己可能想到的其他类似方式，他应该会承认，他不会随意违背该原则。反过来，这在我们看来也是支持人们确实倾向于避免粗暴违背原则的理由。

在假定（上文已提及）仅收入和概率便可以决定一个人的偏好的前提下，P3 是目前正在讨论的原则的结果。为明白这一点，有必要设 $f(a)=f$、$f(b)=g$、$g(a)=g(b)=h$，并假设 E 的概率为 a。在如此设置之后，a 是赌局 $af+(1-a)h$，b 是 $ag+(1-a)h$，由此该原则简单引出了 P3。

二、效用的可测性

鲍莫尔反对如下观点：期望效用假说使效用的"真正的度量"变为"从……一个人观察到的行为得出推论"[①]。在某种意义上，这种反对是完全说得通的。然而，这一反对意见的重要性与鲍莫尔所暗示的意义有相当大的差异。由于这是一个目前存在许多疑惑的问题并且涉及南辕北辙的著作，所以从最初的原则开始是正确的选择。

让我们试着考虑这样一种情况：个人必须从一组"预期"

---

① Op. cit., p. 61.

中选择其中之一。一个极为概括的选择理论实质上也就是 P1 本身；更准确地说，对于所有合理的预期，都存在具有一致性和传递性的排序，而这些预期都有一个属性，那就是个人会从这个排序的所有可得选项中选择最高项。假设 F 代表所有合理的预期 f、g 等，$U(f)$ 代表一个具有如下属性的（数值）函数：

$$\begin{cases} \text{分别根据 } U(f) > U(g) 、\\ U(f) = U(g) \text{ 或 } U(f) < U(g) ,\\ \text{个人偏好选择 } f \text{ 而不是 } g 、\text{在 } f \text{ 和 } g \text{ 之间无差别}\\ \text{或偏好选择 } g \text{ 而不是 } f 。 \end{cases}$$

(1)

在不涉及实际结果的数学假设之下，这样的函数总是存在的。

$U(f)$ 因此引致或生成一种关于预期的排序，如果愿意的话，可以将其称为**这个**（the），或在某些方面更合适地将其称为**一个**（a），关于预期的"效用函数"。现在，个人可以做出他的选择，以使"效用"最大化。

根据这个理论，对于所有可选项的选择只取决于它们的排序。如果存在任何一个与观察到的选择一致的函数 U，那么给出相同排序的其他函数都将与观察到的选择一致。因此，也可以完全这样说，不同预期的效用是由如下函数族（family of functions）中的函数给出的：

$$V[U(f)]$$

(2)

其中，V 完全是任意的严格单调函数，特别是对任意函数来说，dV/dU 是正值（因此，在相同的方向上，函数族里面的所有函数都可以为预期排序）。

这是鲍莫尔观点中关于有效性的核心要素。（2）中没有任一函数比族中的其他函数更加有资格被称为"这个"（the）效用函数。从这个意义上说，效用不是可测的，无论预期的确切含义是什么，或者正在考虑的预期的类别是什么。

关于选择的这一"概括性"理论是非常空洞的。它并不完全没有意义，因为它需要一致性和传递性，以及少量其他假定，且与假定要求相抵触的行为是可以想象的；但它如此接近空洞，以至于它对预测行为几乎是无用的。一个"特殊"的理论应包括更精确地设定 $V[U(f)]$ 的特征，或者等同于对预期进行排序。让我们将讨论限制在预期可被视作由基本对象构成的概率组合的情况中，为了简单起见，考虑基本对象是单位时间收入的情况。然后，预期被认为是一组可选择的收入，每一种收入都有其实现的相应概率。[①] 我们正在讨论的"特殊"理论是，存在着收入的函数 $C(I)$，它的期望值给出了各个预期的排序满足性质（1）；也就是说，它的期望值是函数族（2）中的一个。我们把它称为 U。那么，这个特殊的理论可表示为：

$$U(f) = \overline{C}(I_f) \tag{3}$$

满足（1），其中 C 上一横表示期望值，而 I 的下标表明期望值是为预期 f 而计算的。[②]

如果存在任何这样的函数 $C(I)$，那么除了原点和度量单位之外，它是唯一的；也就是说，仅当符合下列形式时，C 的

---

① 更准确地说，让 I 作为每单位时间的收入，$P(I)$ 为获得收入少于 I 的概率。然后一个期望由一个特定的（累积）概率分布 $P_f(I)$ 组成。

② 可以更正式地表述为 $U(f) = U[P_f(I)] = \int_{-\infty}^{+\infty} C(I) \mathrm{d}P_f(I)$。

变换产生相同的由多个非零概率的合理收入构成的预期排序，

$$D[C(I)] = s + tC(I) \qquad (4)$$

其中，s 为任意值，且 $t>0$。

这个理论绝非空泛的、无意义的；事实上，如果它成立，那么通过知道个人在某些只包含一到两种合理收入的预期中的选择，我们便可以预测他在其他所有预期面前的选择，无论那些预期多么复杂。

如果这个理论是有效的，也就是说，如果它正确地预测了行为，那么除了原点和度量单位之外，存在唯一的函数 $C(I)$。该函数包含与预测行为相关的所有信息。使用它的方法是计算所考虑的备选方案的预期值，并预测具有最高期望值的替代方案将被选择。我们惯常，也仅是惯常，将此过程描述为期望效用的最大化。如果该假说是有效的，那么 $C(I)$ 的期望值就是 $V[U(f)]$ 定义的函数族的其中一个。然而，不可否认的是它仅仅是其中的一个。函数族中的任何其他函数也同样适用：$C(I)$ 的期望值的立方或五次方，将给出与预期值本身相同的预期排序，并且二者都可以被称为"这个"风险预期的效用。

在我们之前的文章中，主要讨论这个特殊理论与观察到的行为的一致性。与其他关于这个问题的著作一样，我们称其为 $D[C(I)]$，一个由式（4）所给出的函数族为"特定收入的效用函数"。但是，如果一个人将式（2）中的元素，而非 $\bar{C}(I)$（或其线性变换），比方说 $V[\bar{C}(I)]$，作为不确定预期的"这个"效用，则将 $C(I)$ 作为特定收入 I 的"这个"效用的看法并不成立；相反，特定收入 I 的"这个"效用是

$V[C(I)]$。因此，我们的术语在没有更多解释的情况下就具有误导性，并且毫无疑问地加深了函数 $D[C(I)]$ 和预期的效用函数 $V[U(f)]$ 之间的混淆。这种混淆在鲍莫尔的评论中有所体现。他说："如果我们……接受一种观点，即，任何通过单调变换从有效的序列中获得的序列都是有效的，那么那些在上一节末尾提到的弗里德曼－萨维奇（Friedman-Savage）的结果，也就是收入的边际效用曲线的形状，就会失去所有的意义。"[①]这是一个不合理的结论：所提到的结果与函数 $D[C(I)]$ 有关；其所有的含义只和所涉及的这些函数相关；它们对理论的构成内容至关重要；当然，除了由 $D[C(I)]$ 指定的元素之外，它们与函数族 $V[U(f)]$ 的任何元素都没有直接关系。

那么，有什么理由称 $V[U(f)]$ 中由 $D[C(I)]$ 给定的特定元素是与风险相关的预期的"这个"效用，并因此称效用是"可测的"，而不是将整个函数族 $V[U(f)]$ 都称为这一风险相关预期的"这个"效用并因此称效用是"序数的"而不是"可测的"？其合理性在于，如果这一假说被接受，那么前一种说法比后者更便利。便利看似是一个微不足道的理由，但事实上是一个极为重要的问题。正如鲍莫尔确切的评论所指出的："在某种意义上，任何衡量尺度都是随意的。因此，除了不便利之外，使用像公制平方一样变化的对距离的测量有别的什么缺点吗？"[②]除了不便利之外，没有什么别的缺点了；但是，这种不便利不应被忽视。除了"不便利"之外，使用罗马数字而不是阿拉伯数字有什么不妥吗？或者完全放

---

① Op. cit., p. 65.

② Ibid.

弃数字命名法，用即兴的语言来代替？当然，不使用公制度量所带来的困惑的程度根本不能与使用数学的困惑相比较，但这只是因为长度的测量只是众多科学的测量之一，而不是因为任何种类的差异。而且，即便如此，在以长度平方作为衡量长度的官方标准的国家里，每个人都会感受到严重的不便，因为像 $(\sqrt{x}+\sqrt{y})^2$ 和 $(\sqrt{x}+\sqrt{y}+\sqrt{z})^2$ 这样的计算，每天都要做很多次。所有这些平方以及平方根从本质上来看都是无意义和纷繁复杂的计算（仅在处理直角三角形时得到了并不充分的补偿）。

如果期望效用假说被接受，那么就有同样的理由称"效用"是"可测的"，而 $\bar{C}(I)$ 就是其"度量"，如同长度和温度也是"可测的"，而"可测"这个词在上述三种情况下恰恰有着相同的含义。它是鲍莫尔以及那些和他持相同观点的人认真地提出来的。这个词现在应该被重新定义，以便不适用于上述这三种情况的任何一种吗？

目前，采用把 $D[\bar{C}(I)]$ 称为效用度量的约定所获得的"便利"并不如称一般类型的长度为长度的度量所获得的便利那样清晰或突出。这部分是因为使有关效用的一般讨论便利的假说并没有牢固地建立，部分是因为大多数关于该假说的讨论仍然处于高度抽象的层次上，使用广义而非狭义函数集并没有太大的不便。如果对该假说的反驳的失败使得人们对该假说的有效性的信心增强，如果它足够专业化从而使其在具体应用中发挥作用，那么关于便利性的论据将会明显地变得更加有力。如果这个假说因为另一种"更好的"替代假说被发现而被拒绝，在同样富有成果和不经常被反驳的情况下，便利可能会导致人们接受一种完全不同的效用的"度量"，或者任何新的概念都可能取代它。实证经济学的一个重要命题恰恰就是为特定假说及其替代或互补假说带来这样的发展，以便促进对经济行为假说的建构，从而使得我们可以通过观察某些行为来预测其他一些行为。在这项工作中，用指定的属性和属于某个类的函数来描述这样的假说通常是很方便的。"可测性"被用来指对类进行的缩减（narrowness）。虽说这只是一种方便表述的方法，并用于描述一系列预测的规则，但它也是一个重要的便利，经济学家不应该仅仅因为其他人可能认为这样的论述用来描述"现实"虽然精神可嘉但却是无稽之谈，而被催促放弃对它的使用。经济学家可以而且应该像其他科学家一样认识到，他们所使用的工具较之科学本身存在相对性。

欧文·费雪（Irving Fisher）和拉格纳·弗里希（Ragnar Frisch）尝试提供了一个符合当前目标的很好的例子，他们度量了鲍莫尔所提出的效用。[1]例如，在最简单的形式中，费雪的方法依赖于一个关于行为的特定假说，即在个人偏好范围内的各种商品组合的排序可以由单变量函数的和产生，每一个单变量函数都包含特殊物品数量作为其变量。这个假说绝不是没有依据的。如果我们接受这一假说，那么它为将一元函数之和（被命名为 U）称为效用函数且给出一个"可测的"效用提供了合理性支持。当然，U 作为单调递增函数同样会导出相同的排序；然而，只有线性函数可以表示为一元函数之和。在这个意义上，这个特殊假说——在此意义上，商品

---

[1] Ibid. , p. 62.

具有普遍的"独立性"——有一个潜在的含义，即没有商品是"劣等品"（即所有商品的收入弹性都是正的），这一含义与大量证据相矛盾。事实上，这些证据与相反的观点恰恰是一致的，也就是，所有的商品，如果被狭义地定义，在某些收入范围内都是"劣等品"。因此，我们必须拒绝普遍独立假说。一个不那么笼统的假说只需要有限的"独立性"，就可以导出"可测的"效用。但困难之处在于，需要构建出一个无限大的数，而且似乎还没有人发现这样一个特别的、具有丰富实证含义（这个含义可以被反驳，但在提交验证时又没有被反驳）的假说。

这些尝试的失败既不应该被解释为某种绝对意义上的效用的不可测性所导致的结果，也不能说明效用就是不可测的。它们只是尝试，这些尝试没有能够导出被作者本人或其同事根据可得证据所能接受的实证性假说。也许未来的尝试沿用同样广义的路线将会更加成功。

如果这个问题所涉及的内容很重要，那么这在很大程度上是因为我们未能将实证经济学和福利经济学区分开来。一类个体行为可以通过假设个体最大化特定函数的期望值来预测，该函数，除了它的原点和度量单位外都是唯一的。这一发现，如它所呈现的那样，本身没有任何福利相关的含义；而且，将函数的期望值称作"效用"也并不能为其添加任何额外含义。正如我们在之前的论文中所提到的，"完全没有必要将个体行为解释中的最大化数量当作在公共政策中具有特殊重要性的数量"①。社会"应该"促进个人的"福利"的道

---

① Op. cit., p. 283, n. 11.

德准则在指定具体的"福利"内容之前是毫无意义的。任何对根据上述特殊选择理论定义的效用所获得的"福利"的界定和识别本身就是道德准则的体现，而不是一个科学命题，应该从道德立场上对其进行合理性分析。

鉴于功利主义对哲学信条及其现代复兴的重要性，尤其是其在福利经济学中的重要性，在科学理论的选择中使用"效用"一词很可能会加深困惑。但是，即使这是一个错误，通过阻止经济学家使用"可测"一词来纠正它似乎也并不合适，因为它还被用于其他科学领域。

三、结论

这一假说，即个体在涉及风险可选方案中做出的选择，就像他们试图最大化某个量的期望值一样（这个量被称为效用），是一个科学假说，它使得人们可以对个体行为进行正确的预测。如果这一假说通常可以或者比任何同等有用的备选方案更加频繁地得出"正确"的预测，那么它应该被尝试接受，就像所有其他科学假说一样，当然，是以悬而未决的方式；如果它的预测常常与观察结果相反，那么它应该被拒绝。目前，现有的证据并不与假说相矛盾，但必须强调的是，矛盾的可能性很少，因此倾向于拒绝该假说的直接证据就不足了。对该假说的信心在很大程度上来源于它与经济理论的一致性，更重要的是，信心也来自该假说的前提假定的显著合理性可以被证明是与其等价的，而非只是来自重复在预测方面取得的成功。

如果我们接受了这个假说，它支持或允许一项将数量定义为"效用"的定义，而且随之而来的对其数值的赋值都是唯一的（原点和度量单位除外）。原则上，这些数值可以通过观察一个人从有限类别的选择中做出的选择来决定。如果这一假说被接受，那么就可以把"效用"看作是"可测的"，如同长度和温度在同样的意义上也是"可测的"。在这三种情况下，采用某一特定约定的基础在于所讨论的假说或理论自身的便利性。在任何情况下，它都不能被用以证明特定的"度量"是不变的、"绝对的"，或者与那些在该约定所依赖存在的假设的范围之外的现象有任何关联。在这三种情况下，原则上，摒弃某一特定的约定，转而采用其他更迂回的方式是完全可能的，但这要以已知经验规律的不可忍受的复杂化为代价。

针对效用分配"度量"这一特殊的约定，有两种显著不同的反对意见：（1）期望效用假说不是对现实行为有用或有效的解释；（2）任何将效用视为可测的约定都是不可取的或没有必要的。当然，一方面，第一个反对意见并无特别之处；如果运用该假说的经验可以被证明是富有成效并可接受的，那么它就可以也应该被去除。另一方面，第二个反对意见则是没办法被接受的。它将某一特定描述和表达理论的方式从经济学中排除出去了，而这一理论表达方式在其他科学领域中已被证明是不可或缺的。它实际上传递了一个其支持者也不可能一致地贯彻应用的观点；他们必须否定自己谈论货币收入、货币存量或人口规模是"可测的"这一权利。如果这个观点对效用看上去是有说服力的，其部分原因是一些假说（如果其是已证实的）已隐含的效用便利措施会被经验真正地反驳，部分原因是实证经济学和规范经济学之间的普遍混乱，造成了使用相同的效用词句来代表两件相当不同的事情的普遍倾向：一方面，是作为在解释个体最大化行为并预测其面对环境变化所做出的反应时有用的数量；另一方面，是作为个人"应该"最大化或者社会"应该"最大化或帮助其最大化的数量。这两种在概念上不同的度量的区分是符合明智行为或道德准则要求的，而并非属于科学命题，也不是为"度量"效用而采用特定的约定。

凯恩斯模型判断中的统计假象 *

米尔顿·弗里德曼；加里·贝克尔

最近数十年以来，凯恩斯模型被广泛应用于收入的预测与收入变动的解释当中。在最为简单的凯恩斯模型中仅含有一个重要关系，即与经常性消费支出和当前收入有关的消费函数，该消费函数可能还涉及其他变量。该函数可用于评估自发性消费以及自发性消费的乘数效应。这反过来可以用于估算与任何假定或预测的投资水平相对应的收入水平（或者更宽泛地说是自发的非消费性支出）。

该模型在许多方面一直都比较复杂，但是在该模型的各种衍生模型中，消费函数起到关键作用。因此，许多研究会重点关注消费函数的实证性研究。预测收入的最终目标已经被通过现期收入与其他变量来预测消费的近似目标所替代。这一转变带来的一个为人所忽视的结果是对替代消费函数进

* 我们对菲利普·卡甘（Phillip Cagan）和卡尔·克里斯特（Carl Christ）的有益评论表示感谢。

行评判的一项标准的采用，无论该标准与近似目标如何相关，都可以导致对最终目标的严重误导。本文旨在讨论这一观点，并指出其所引出的一些结论。由于这些内容使用最简单的模型便可充分完成，并且所要讨论的问题与关于凯恩斯方法的争论之间并无任何直接关系，因此在本文中我们假设，上文所提及的最简单的模型在理论与实证方面均是适用的。

在对实证消费函数的替代方案进行评判时，除在诸如估计的自由度、参数符号的经济学合理性等方面做一些考虑外，当中所使用的主要标准是该函数在估算消费量时的平均误差。假定有在相同时期内进行估计的两个实证的且可互相替代的函数，并且在一些需要考虑的次要方面也类似，其中一个函数对消费的估计的标准误差为消费平均值的 5%，另一个函数则为 10%。假若我们将这些函数用于基于已知当年投资量的对相同历史阶段每一年收入的回溯性估计，那么，从中我们是否可以得出，第一个函数会给出相较于第二个函数而言更为精确的估计？令人意外的是，答案是否定的。估计收入的误差不仅取决于对消费估计的精度，而且取决于消费函数的形式，尤其是取决于消费中的"自发"部分。

本文的第一节对该命题进行了论证，并使用多个实证的消费函数对该命题举例说明。第二节对该命题给出了统计学解释。在第三节中，我们考虑了误差在对投资进行估计时的影响。第四节表明所选择的消费函数形式背后所隐含的是对经济结构动态特征的设定，这也是它如此重要的原因。

一、基于当前收入预测消费的误差与基于投资预测收入的误差之间的关系

假定消费依据如下关系式由收入唯一决定，：

$$C = a + bY \tag{1}$$

其中，C 是特定年份的总消费，Y 是相同年份的总收入，a 和 b 是已知的正常数。依据定义：

$$Y = C + I \tag{2}$$

其中，I 为实际投资（更为泛化地说，指的是自发性非消费支出），依据定义也可以表示已实现的储蓄。将式（1）代入式（2），并消去 Y，则我们可以得到：

$$Y = \frac{a}{1-b} + \frac{I}{1-b} \tag{3}$$

其中，$a/(1-b)$ 表示的是自发性投资的消费额[①]，$I/(1-b)$ 表示的是投资中所使用的乘数。收入水平可通过投资水平进行精确预测。类似的是，由政府支出中可作为投资的一部分来处理的变化引起的收入变化可以准确预测。这是我们在本文第一段中所提及的简单的凯恩斯模型的最严密的表述形式。

在实际应用中，由于不包含在该模型之内的参数的影响，我们必须考虑变量的测量误差。最常见的方法是将式（1）作为一种统计关系而非函数关系处理，相当于以下式替代：

$$C = a + bY + u \tag{4}$$

---

① "自发性消费"一词的含义模糊，既可以指代独立于投资的消费额，也可以表示独立于收入的消费额。在后一种情况中，自发性消费仅仅是 a，并且可进行乘法运算。只有在所讨论的情况在上述任一种含义下均成立时，我们才能不加额外限定地使用"自发性消费"一词。

其中，u 表示随机变量，其期望值为 0。更为复杂的方法允许除了收入之外的其他变量作用于消费的系统性影响；例如，式（1）可使用下式替代：

$$C = a(Z) + bY + u \tag{5}$$

其中，Z 表示由其他变量组成的一个向量，$a(Z)$ 则是关于这些其他变量的某一未指定的函数。

依据式（4）或式（5），消费不再仅仅由收入或者收入与变量 Z 确定；它也由一个未说明的随机变量决定。为了将该分析与参数的统计估计问题区分开来，我们暂且假定，a 和 b，以及 u 的分布是已知的，并且无任何误差。对于给定的数值 Y，C 的预期值，也是基于 Y 值而得到的预期值，等于：

$$C = a + bY \tag{6}$$

该式可以被看成是关于式（4）或式（5）的函数，但前提是，a 在一种情况下为一个数值常数，而在其他情况下是一个由 Z 确定的数值。

预测值 C 的绝对误差可通过 u 的标准差来度量；标准差越小，预测值的精度越高。预测值 C 中的相对误差可通过误差的标准差除以 C 的平均值来决定，其公式可表示为：

$$V_C = \frac{\sigma_u}{\bar{C}} = \frac{\sigma_u}{a + b\bar{Y}} \tag{7}$$

其中，σ_u 表示 u 的标准差，$\bar{C}$ 和 $\bar{Y}$ 分别表示 C 和 Y 的平均值。V_C 的值度量的是预测消费的式（5）的可用性。从式（2）和式（4）中我们可以得出：

$$Y = \frac{a + I}{1 - b} + \frac{u}{1 - b} \tag{8}$$

而且

$$\hat{Y} = \frac{a+I}{1-b} \qquad (9)$$

预测值 Y 的误差在于 $u/(1-b)$ 不等于 0。从 I 中预测 Y 的相对误差为：

$$V_Y = \frac{\sigma_u}{(1-b)\bar{Y}} = \frac{\sigma_u}{a+I} \qquad (10)$$

其中，$\bar{I}$ 表示 I 的平均值。从式（7）和式（10）中我们可以得出：

$$V_Y = \frac{V_C(a+b\bar{Y})}{a+I} = \frac{V_C\bar{C}}{(1-b)\bar{Y}} \qquad (11)$$

收入预测中的相对误差并不仅仅由消费预测的相对误差或同时由平均消费与平均收入的比值决定，其还取决于 b 的取值。如果 $b=0$，则：

$$V_Y = V_C\frac{\bar{C}}{\bar{Y}}$$

其中，V_Y 为正值，且其数值小于 V_C。随着 b 的取值变大并接近 1，V_Y 相对于 V_C 会变大，且当 $b=1-\bar{C}/\bar{Y}$ 时，$V_Y=V_C$，以及当 b 取更大的值时，V_Y 大于 V_C。

由于在大部分实证消费研究中，$\bar{C}/\bar{Y}$ 大约为 0.9，当 b 的取值大于 0.1 时，V_Y 大于 V_C。给定平均消费水平和平均收入水平，b 的取值变大意味着 a 的取值变小。因此，a 值越大，收入误差与消费误差的比值越小。

采用常数与收入的乘数相加的消费表达形式涉及独立于收入的自发性消费与由现期收入确定的消费之间的区分。对于给定的平均消费水平和平均收入水平，a 的值越大，自发性消费所占的比例越大。[①] 因此，式（11）意味着，对于消费预测中的给定误差而言，用上文所概述的方法预测收入得到的误差越小，自发性消费越重要，或者等价地，当前收入与当前消费之间的联系越弱。

为何收入预测误差与消费预测误差之间存在差别，而且通常前者比后者大？答案是，在所考虑的模型当中，消费预测中给定的误差会通过乘数效应放大，反映为收入预测的更大误差。因此，乘数越大，收入预测中所产生的误差就越大。

我们已经使用 1905—1951 年（战争年份除外）间美国的收入与消费年度数据对多个消费函数进行了拟合。在自发性消费与引致消费的除法计算当中，这些函数有着相当大的差异，因此有助于阐述除法的重要性。设 $C(t)$ 表示时间 t 时的人均消费，$Y(t)$ 表示时间 t 时的实际人均可支配收入。

拟合的四个函数分别为：

$$C(t) = a_1 + b_1 Y(t) + u_1 \tag{12}$$

$$C(t) = b_2 Y(t) + u_2 \tag{13}$$

$$C(t) = k\beta \int_{-\infty}^{t} e^{(\beta-\alpha)(T-t)} Y(T)\mathrm{d}T + u_3 \tag{14}$$

和

$$C(t) = a_2 + Ae^{\alpha t} + u_4 \tag{15}$$

其中，u 为随机扰动项，a_1、a_2、b_1、b_2、A、k、β 和 α 分别表示利用最小二乘法从数据中估算出的参数。这些参数的数值请参见表 1。

---

① 由于 $a/(1-b)$ 随着 a 取值的变大而变大，因此只要 b 小于 1（在大部分情况下，b 的取值小于 1），本文中的陈述对于前一脚注中所备注的自发性消费的任何一种解读均有效。

表 1 不同消费函数中消费与收入预测的误差

消费函数	预测的相对误差			
	基于已知收入的消费 (1)	基于已知投资的收入 (2)	基于估计的投资的收入（消费确定可知）* (3)	基于估计的消费的收入和投资的收入* (4)
(12) $C(t) = 70.2 + 0.780Y(t) + u_1$	0.049	0.196**	0.100	0.242***
(13) $C(t) = 0.890Y(t) + u_2$	0.057	0.462**	0.200	0.551***
(14) $C(t) = (0.879)(0.4)\int_{-\infty}^{t} e^{0.38(T-t)}Y(T)dT + u_3$	0.40	0.051	0.029	0.059
(15) $C(t) = 162.0 + 237.0\,e^{0.2t} + u_4$	0.066	0.059	0.020	0.062
(16) $C(t) = C(t-1) + u_5$	0.068	0.061	0.020	0.065
(17) $C(t) = e^{0.2}C(t-1) + u_5$	0.064	0.057	0.020	0.061

* 我们假定投资预测中的相对误差为 0.20。

** 如果使用这些消费函数更为有效的参数估计值，这些数据分别为 0.147 和 0.420，而非 0.196 和 0.462。

*** 如果使用这些消费函数更为有效的参数估计值，这些数据分别为 0.178 和 0.465，而非 0.242 和 0.551。

在式（14）的拟合当中，积分的近似值由有限项的加总来近似取得，且每一个日历年均进行相同的操作。[①] 式（14）背后的想法是，消费不仅依赖于当前收入，而且依赖于长期收入，即永久性收入或预期收入。且预期收入反过来也可以被过去所有收入的加权平均值近似，并对长期趋势进行调整（这就是 a 的作用），且权重随着回退的时间以指数形式下降。

通过每一个函数估算的消费的相对误差请参见表 1 中的第（1）列。一般而言，式（14）对消费数据的拟合效果最佳。但是式（14）的表现也就比式（12）、式（13）和式（15）的拟合效果略好。

为了提供一个评判这些相对误差的标准，表 1 也包含了涉及对消费进行粗略预测的两个函数：

$$C(t) = C(t-1) + u_5 \tag{16}$$

和

$$C(t) = e^n C(t-1) + u_6 \tag{17}$$

这些函数所获得的相对误差与式（15）大致相当，函数的预测精度大致相同。式（15）能够从其自身的指数趋势中对消费进行估算。

这些消费函数可通过上文所述流程预测来自投资的收入：将消费函数代入收入恒等式中，利用所获得的方程式推导出收入与当前投资及任何其他消费函数中出现的变量之间的函数关系。表 1 中的第（2）列便是采用这种方法获得的收入预

---

① 参见 Milton Friedman, *A Theory of the Consumption Function*, a publication of the National Bureau of Economic Research (Princeton, N. J.: Princeton University Press, 1957)。基础数据来自 Raymond Goldsmith, *A Study of Savings* (Princeton, N. J.: Princeton University Press, 1955), Vols. Ⅰ, Ⅱ, and Ⅲ。

测的相对误差。

这些数值结果清晰地阐明了将消费划分为自发性消费与引致消费的重要性。式（13）意味着所有的消费均为引致消费；在先前的注释中，$a=0$。这意味着，当自发性支出用于收入的预测时，消费中的误差会被放大许多倍；在这段时间内，收入预测中的相对误差大致是消费预测相对误差的 7 倍。式（15）、式（16）和式（17）意味着所有的消费均为自发性的，也就是 $b=0$。这表示，在收入预测中，消费中没有误差的乘数效应。一般而言，收入预测中的相对误差必然小于消费预测中的相对误差。在 1905—1951 年间，收入预测中的相对误差大约为消费预测相对误差的 9/10。函数式（12）和式（14）假定部分消费为自发性消费，部分消费为引致消费，因此 a 和 b 均不为 0。在这个时期内，式（12）中参数的赋值意味着，大约 1/8 的消费独立于收入，7/8 的消费是由收入引致的，因此存在基于消费误差的显著的乘数影响。收入预测的平均误差百分比大约是消费预测平均误差百分比的 3 倍。此外，对于式（14）而言，参数的赋值意味着，大约 2/3 的消费独立于收入，不足 1/3 的消费则由收入引致，乘数较小，因此，收入预测的相对误差仅仅比消费预测的相对误差大 25％。

尽管式（12）和式（13）在消费预测中的表现明显较好，但是在收入预测中的表现则不尽如人意。相比之下，"朴素"模型的表现要好得多。

二、结果的统计学解释

表 1 第（1）列中的误差为将消费估算函数代入收入恒等式之

后获得的预测结果。这是简单的非随机模型中所提出的流程，在该随机模型中，消费与收入之间呈函数关系——参见式（1）、式（2）和式（3）所概述的模型——当存在随机扰动时，这一操作并非最佳选择。式（12）和式（13）最适合对此进行阐述。由收入恒等式可得，$C=Y-I$。将 C 的表达式代入式（12）和式（13）并求解 I，则我们得出：

对于式（12）而言，

$$I = a_1 + (1-b_1)Y - u_1 = a' + b_1'Y + u_1 \tag{18}$$

对于式（13）而言，

$$I = (1-b_2)Y - u_2 = b_2'Y + u_2 \tag{19}$$

由于自变量与式（12）和式（13）中的变量相同，并且干扰的变化仅在符号中体现，使式（12）和式（13）中随机扰动的平方和最小化的参数值也能使式（18）和式（19）中扰动的平方和最小化，因此，利用最小二乘法估计的式（12）和式（13）中的参数与式（18）和式（19）中的参数是等同的。但是将式（18）和式（19）用于基于 I 值的对 Y 的估计将会导致明显错误。为此，我们应当在 I 上使用 Y 的回归，而非在 Y 上使用 I 的回归。也就是说，我们可以使用：

$$Y = d + e_1 I + w_1 \tag{20}$$

或

$$Y = e_2 I + w_2 \tag{21}$$

使用式（20）和式（21）估计的 Y 的标准误差一定小于使用式（12）和式（13）估计的 Y 的标准误差，对应的相对误差之间的关系可使用下述方程式界定：

$$V_Y^{(20)} = r_{IY} V_Y^{(12)} \text{ ①} \tag{22}$$

和

$$V_Y^{(21)} = r'_{IY} V_Y^{(13)} \tag{23}$$

其中，r_{IY} 为 I 和 Y 之间的相关系数，r'_{IY} 为处理 I 和 Y 时获得的相关系数，当其取值为 0 时，我们得出：

$$r'_{IY} = \frac{\sum IY}{\left(\sum Y^2 \sum I^2\right)^{\frac{1}{2}}} \tag{24}$$

对于 1905—1951 年这个时期，$r=0.75$，$r'=0.91$。由此得出的结论是，对于式（12）的拟合而言，使用正确的回归所产生的相对误差为 0.147，而非 0.196，对于式（13）的拟合而言，所产生的相对误差为 0.420，而非 0.462。类似地，使用正确回归也能将式（14）的误差降低到 0.051 以下，但是有时候我们很难对降低的幅度进行估算，因此我们并没有这样做。剩余的

---

① 证明：使用式（12）意味着需要从下述方程式中对 Y 进行预测：

$$\hat{y} = \frac{1}{b'_1} i \tag{ⅰ}$$

其中，y 和 i 分别表示其平均值中获得的 y 和 I 的偏差，其中

$$b'_1 = \frac{\sum iy}{\sum y^2} \tag{ⅱ}$$

式（ⅰ）给出的估算中，Y 的观测值偏差的平方和为：

$$\sum \left(y - \frac{1}{b'_1} i \right)^2 = \sum y^2 - \frac{2}{b'_1} \sum iy + \frac{1}{b'^2_1} \sum i^2$$

$$= \sum y^2 - 2 \sum y^2 + \frac{1}{r^2} \sum y^2 \tag{ⅲ}$$

$$= \frac{(1-r^2)}{r^2} \sum y^2$$

其中，r 表示 r_{IY}，或者表示投资与收入之间的相关性。通过常用公式，在式（20）估算的 Y 中，相应的偏差的平方和为：

$$\sum (Y - e_1 i)^2 = (1 - r^2) \sum y^2 \tag{ⅳ}$$

对式（ⅲ）和式（ⅳ）做差，我们得出式（22）。式（23）也可采用相同的方式证明。

方程式并不会受到统计学缺陷的影响。因此，对于这些方程式而言无须进行修正。回归的错误使用很明显只能说明收入预测中不同函数之间的部分差异。毫无疑问，式（12）和式（13）在收入预测中的表现依旧最差，尽管它们看上去似乎给出了第二和第三好的对消费的预测。

尽管这些统计学考量并不能解决这些明显的冲突，但它们以一个非常不同于之前展示的内容的方式表明了问题是如何产生的。式（12）和式（13）在基于收入预测消费的过程中所产生的相对较小的误差在某种程度上是一种统计假象。

在这些方程式当中，当期消费与当期收入有关，并且当期消费本身是当期收入的主要组成部分。消费可以说与其自身相关。事实上，我们对收入的了解能够使我们准确地估算消费，但这并不意味着我们对收入的了解等同于对投资的了解。为了对此进行判断，我们要将消费与投资联系起来，而不是与收入相联系，就像式（20）和式（21）所隐含的那样。如果我们用消费对投资的最小二乘回归来估计消费，并将（假定的）已知投资添加到对收入的最终估计值中，则这些公式精确地得到了对收入的估计。

考虑到投资与消费之间的正相关性，基于投资的对消费的估计的误差一定会大于基于收入的对消费的估计的误差。[①] 的确，正如在式（20）和式（21）中所反映的，基于投资估

---

① 如果 $r_{CI} = \pm 1$，则 $r_{CY} = \pm 1$；否则，不管投资与消费之间的关系如何，$r_{CY} > r_{CI}$。但是 $r_{CY}^2 > r_{CI}^2$ 则不一定满足。如果 r_{CI} 为负值，并且其绝对值足够大（大于 $\frac{1}{2}$ $[\sigma_C / \sigma_I]$ 的绝对值），则 $r_{CY}^2 < r_{CI}^2$，也就是说，从投资中预测消费比从收入中预测消费更为精确，因为投资和消费之间的负相关性能够完全覆盖消费与其本身之间的完全正相关。

计消费的相对误差更大，原因是这些方程式中包含与式（12）和式（13）中相同的统计学假象。换句话说，我们所使用的模型基本上由两个步骤组成：第一，对投资进行预测；第二，从投资中预测消费。由于我们已经假定第一步中没有任何误差，模型中的误差只能来自第二步。使用 I 替换 Y 之后，对于式（12）而言，该步中的相对误差为 0.22，对于式（13）而言，该步中的相对误差为 0.53。毫不意外的是，这些函数在收入预测方面表现得十分糟糕。

与式（12）和式（13）类似，式（14）在预测消费时也会受到统计假象的影响。这在一定程度上与消费有关。但是在这种情况下，统计假象非常小。这其中的原因我们已经说明。相较于式（12）或式（13）而言，式（14）中当前收入在消费预测中所起的作用非常小。在式（12）中，当前收入之外的边际消费倾向为 0.78，在式（13）中为 0.89，在式（14）中为 0.29。因此，在计算式（14）时，如果投资被当前收入替代，相对误差会变大，但仍小于 0.058。[①]

剩余的等式中并无任何统计假象，因为当前的收入并不能代入这些等式当中。统计假象的不存在由表 1 中第（2）列的误差小于第（1）列的误差所反映。

在收入预测中，也就是在较早年份的收入预测中[②]，式

---

① 这是由 0.051 乘以平均收入与平均消费的比值所得出的近似值，因为如果使用正确回归［所得出的误差小于第（2）列中的 0.051］，我们无法对所产生的误差进行计算。

② 式（14）看上去似乎比式（12）多一个参数。事实上，该式中只含有两个独立参数。参数 a（我们假设其等于 0.02）尚不"确定"，外部证据可对其他参数进行更有意义的解读，但是其并不能改善拟合效果。

（14）相较于式（12）而言具有较大的优势。但很明显的是，从式（15）、式（16）和式（17）中我们可以看出，这种优势是比较小的。这些方程式中所含有的变量的数量相同或更少，基于数据估计的参数数量相同或者更少，但它们的表现几乎与式（14）相同。

三、投资预测误差

到目前为止，我们已经假定投资（或者更为泛化地说是自发性非消费支出）中已知无任何误差。接下来我们放弃这一假设并假定使用下述式子对投资进行估计：

$$I(t) = g\{x_1(t), x_2(t), \cdots, x_n(t)\} + w \tag{25}$$

其中，$x_1(t)$，$\cdots$，$x_n(t)$ 表示的是变量的数值，而非在时间 t 时的收入和消费。w 表示从 g 中预测 I 的误差。预测 I 中的相对误差等于：

$$V_I = \frac{\sigma_w}{\bar{g}} \tag{26}$$

将式（25）与式（2）和式（4）合并，并求解 Y，我们可以得出：

$$Y = \frac{a+g}{1-b} + \frac{u+w}{1-b} \tag{27}$$

如果我们假定 u 与 w 之间无任何关联，则我们得出：

$$V_Y^2 = \frac{\sigma_u^2 + \sigma_w^2}{(1-b)^2 Y^2} = \frac{V_C^2 \bar{C}^2}{(1-b)^2 \bar{Y}^2} + \frac{V_I^2 \bar{I}^2}{(1-b)^2 \bar{Y}^2} \tag{28}$$

或

$$V_Y = \left\{ \frac{V_C^2 C^2}{(1-b)^2 Y^2} + \frac{V_I^2 I^2}{(1-b)^2 Y^2} \right\}^{\frac{1}{2}} \tag{29}$$

a 和 g 以及 u 和 w 以对称方式被代入式（27）当中，从

110

中我们很明显可以看到，投资误差所起到的作用与消费误差相同，先前我们对该特例的分析便受到这种误差的影响。因此，我们只需要将 a 替换为 g，将 u 替换为 w，将 C 替换为 I。与该特例有关的部分解释性计算请参见表 1 中的第（3）列。这些计算假定投资中的相对误差为 20%（$V_t = 0.20$），该数值完全是随机确定的，因为在投资预测中，我们没有任何关于误差的经验估计，平均投资与平均收入之间的比值为 0.1，这大致对应于所调查的时间区间内所观察到的比值。

式（12）和式（13）的收入预测误差比其他方程式的误差大得多：对于式（13），收入的误差百分比与投资相同；对于式（12）而言，收入的误差百分比是投资误差的一半。这意味着式（14）到式（17）的误差百分比要小得多，并且式（14）到式（17）之间的误差百分比没有显著差异。假定投资有 20% 的误差，意味着收入预测误差仅仅为 2% 或 3%，这一结果直观上是合理的。投资仅仅是总收入中的一小部分，在所调查的时间区间中仅仅占 1/10；因此，投资中的给定误差百分比远远大于收入误差。在式（12）和式（13）中，乘数过程抵消了这种影响。在其他方程式当中，误差的乘法效应很大程度上不存在或者完全不存在，因为这些函数涉及的乘数较小甚至为 0。

给定式（29），当消费和投资中均存在误差时，收入预测误差等于收入预测中两个局部残差平方和的平方根，一个为基于已知投资与消费预测收入的误差（其中消费是收入和其他变量的随机函数），另一个为基于估计的投资与消费预测收入的误差（其中消费是收入和其他变量的非随机函数）。先前的文献已经对这些局部残差的决定因素进行了讨论：V_I 是由投资函数决定的，b 和 V_C 是由消费函数决定的。对于所研究时间段的美国而言，消费平均约为收入的 9/10。这意味着仅当 V_I 等于 $9V_C$ 时，V_C 所引起的收入预测误差等于 V_I 所产生的误差。

上述分析也可以通过式（12）到式（17）进行说明。如前所述，我们依旧随意假定 V_I 等于 0.20。V_C 的值由表 1 中的第（1）列给出。第（4）列中为每一消费函数所得出的 V_Y 的值。式（12）和式（13）得出的收入预测结果较为糟糕。[①]式（14）所获得的结果比式（15）到式（17）的结果略好。一般而言，相较于某些更为复杂的模型而言，"朴素"的消费模型能够获得更好的收入预测，相比其他预测，其效果也仅略差。[②]

正如我们在上文中所提及的，通过凯恩斯模型预测收入包括两个相关步骤：第一步，预测投资；第二步，基于投资和其他变量预测消费。由于投资相对于收入而言较小，收入预测中的最终误差由第二步所产生的误差支配。投资预

---

① 表 1 第（4）列中给出的式（12）和式（13）的相对误差以这些消费函数中参数的无效估计为基础。如果采用有效估计，我们可以从 Y 对 g 的回归残差中得出相对误差。不能使用 g 的样本值；因此，我们无法计算此类误差。表 1 的注释 ** 中，通过计算从 I（注释 *）中预测 Y 的相对误差和从 g 预测 I 的假定误差（0.20）所引起的预测 Y 的相对误差的平方和的二次方根，我们可以获得式（12）和式（13）中的相对误差。

② 完整的收入预测可能会涉及下述模型，如：

$$Y_t = Y_{t-1} \tag{ⅴ}$$

或

$$Y_t = e^{0.02} Y_{t-1} \tag{ⅵ}$$

使用此模型预测收入的相对误差为：

$$V_Y^{(ⅴ)} = 0.077 \text{ 和 } V_Y^{(ⅵ)} = 0.075 \tag{ⅶ}$$

测中 30％的误差意味着第一步中的收入误差最多为 3％～4％。
第二步中的误差不仅取决于投资误差，而且取决于所使用的
消费函数。因此，通过使用此类模型预测投资能够在一定程
度上改善投资预测的精度。改进在消费预测和投资预测中使
用的消费函数可能更为重要。而且，不必在此再重复强调的
是，改进的相对标准不在于基于收入和其他变量的消费预测
误差，而是基于投资和其他变量的消费预测误差。

四、对结果的经济学解释

我们在上文中考察过预测模型的基本差别不在于其统计
学特征——变量或参数的数量，或函数的数学形式，而在于
它们附在经济系统上的结构。作为一种极端情况，式（13），
其中消费与收入是成比例的（随机出现的冲击除外），结合投
资作为**独一**的自主变量，我们假定系统中连续性的唯一来源
是投资中的连续性。投资的变化通过相对较大的乘数使自己
在系统中传播；并且，在式（13）的初始形式中，同样的乘
数会作用于消费的随机扰动。收入最多可以像投资一样稳定
或者不稳定，而给定任何消费扰动，它将更为不稳定。

考虑另一种极端情况，式（15）。在该式中，消费除了随
机干扰之外主要由其自身的趋势决定。考虑到投资是自发性
的，消费中的任何变化或随机扰动都不会有乘法效应。相反，
变化和随机扰动加总，并最终被平均掉；收入仅仅是两个独
立部分的和。消费构成中较大的趋势部分为这些扰动的发生
提供了一个稳定的背景。平均而言，收入的不稳定性要小于
投资和消费各自的不稳定性。

　　其他方程式处在这两种极端情况之间。式（12）中引入了一个式（13）中没有的连续性的元素，也就是自发性消费；即便这在总消费中仅占相对较小的部分，也足以为系统提供相当大的稳定性。此外，在早些年中，式（14）将收入作为消费的决定因素引入，因此在时间推移的过程中具有稳定性，而式（13）则完全缺乏这一特征，式（12）在很大程度上也缺乏该特征。这种持久性是不完整的：当前投资起到一定作用；消费中的随机扰动和投资中的变化是相乘的，但较为温和。

　　这些表述仅仅是定性的，并不严格，但这足以表明，在凯恩斯模型中选择某种形式的消费函数隐含地涉及对经济体系动态特征自身的设定，并且这些也足以说明表 1 第（2）列中的计算值有着重要而非仅仅是方法论上的意义。

　　从这个角度来讲，对于我们而言最为出人意料的结果来自式（15）。式（15）给出了最大的消费的持久性以及完全孤立于投资变化的消费在复制收入的实际运动方面与其他任何函数的表现同样好，并且显著优于式（12）和式（13），二者给了投资乘数过程以最大的空间。没有任何乘数效应的投资相较于投资作为主要驱动因素而言是更好的第一近似，至少在 1905—1951 年间个人平均所得的变化方面是这样，这从表 1 中方程式计算出的数据已经能够说明。

　　该结论不能看作是最终结论。选择表 1 中使用的方程式是因为这些方程式使用方便。我们最初使用这些方程式说明所涉及的方法论问题，但是我们对所获得的实质性结论感到惊讶。使用的概念对于真实目的而言可能并不是最好的：尤其是，使用一个更为宽泛的投资概念或自发性非消费支出是能够满足我们的研究需求的，这些数据对应于个人实现的储蓄，因此被排除，例如由未分配公司盈利提供的投资。允许内在稳定器发挥作用或许是比较合适的做法。允许实现一定程度的价格变动而不是使用折算的收入和消费也是可行的。相对误差可以被预测误差的其他度量方法取代或补充。我们选择研究的时间段和时间单位可能并不是最佳的。选择更短期限内的季度数据或月度数据可能更合适；也可以尝试在竞争和投资之间引入时间延迟；毫无疑问，读者们还可以想到其他可能的调整途径。同时，我们对出于其他目的进行的试验会使本文的主要结论受到很大的影响表示怀疑，至少对于美国是这样。①

不管我们关于经济结构的实质结论是否得到印证，表1中的结果均足以牢牢确立一个关于经济学家的实质结论。经济学家通过表1第（1）列中的方法评判凯恩斯模型的倾向让我们接受了本文数据并不支持的对经济结构特征的设定。消费可以根据当前收入进行统计学预测并且具有相当小的误差，这一发现强化了一个认识，即相应的简单凯恩斯模型包含了一个基本的关于经济结构的正确设定，尽管这一设定可能过于简单。如果我们的分析是有效的，消费和收入可以被看成主要随着不稳定投资而波动，这一被普遍认同的观点在很大程度上是一个统计假象的产物。

五、结论

我们的主要结论可以简述如下：

（1）在用凯恩斯模型预测投资收入时，消费函数的精度

---

① 芝加哥大学金融与银行研讨会对该实验进行了研究。

是一个较差的标准。一般而言，对于给定的基于收入预测消费的精度，消费函数越能较好地预测收入，隐含的投资乘数就越小，也即，被认为独立于投资的那部分消费也就越大。

（2）相关的标准是基于当前**投资**而非收入来预测消费的精度，而这两种预测的精度可能没有任何关系。

（3）部分示例性计算表明，投资估计误差对收入预测精度的影响小于因消费函数的使用不当而产生的误差。相较于投资中的改善而言，改善消费函数，尤其是通过除投资之外的变量预测消费，可能更能促进我们对收入的预测。

（4）消费函数的选择意味着对经济结构动态特性的设定。美国1905—1951年间的示例性计算方法表明，相较于认为实际投资是主要推动力而实际消费进而实际收入很大程度上反映实际投资的变化而言，认为实际投资对实际消费没有乘数影响以及认为实际投资仅仅通过其自身的长期趋势确定是更好的第一近似。与之相反的被广泛接受的观点——因其来源于关于消费函数中的统计学证据——在很大程度上是一个统计假象的产物。

货币需求：部分理论与实证结果 *

米尔顿·弗里德曼

在实际人均收入呈长期上升趋势的国家中，货币存量通常会以比货币收入显著更高的速度呈现出长期的上升趋势。因此，收入速度——货币收入与货币存量的比值——会随着实际收入的上升逐渐下降。从美国的情况看（唯一进行过详细分析的国家），在经济周期中，在扩张阶段，货币存量通常会以低于货币收入的速度逐渐上升，而在紧缩期间，货币存量通常会以低于货币收入的速度逐渐下降。因此，在周期性膨胀期间，收入速度会随着实际收入的上升而升高，而在周

* 本文报道了我和安娜·施瓦茨在美国国家经济研究局（National Bureau of Economic Research）进行的一项更广泛研究的一部分。我感谢安娜·施瓦茨对本文提供的广泛协助和许多建议。

根据美国国家经济研究局报告管理委员会的决议，本文已获美国国家经济研究局研究主任和美国国家经济研究局董事会批准作为美国国家经济研究局报告发表（见《美国国家经济研究局年度报告》）。它将在国家档案局的"临时文件"系列中重印。

期性紧缩期间，收入速度会下降——收入和收入速度之间的长期关系在两种情形下恰好是完全相反的。

许多研究文献都已经对这些关于收入速度的长期行为和周期性行为的关键事实进行了研究。[①] 对于美国而言，安娜·施瓦茨（Anna Schwartz）和我已经对该课题的相关问题进行了非常详细且完整的讨论，依赖我们所建立的货币存量的新的时间序列，我们能够估算 1867—1907 年间的半年度数据和季度数据以及 1907 年之后的月度数据。但是，这些更为完整的讨论并不能缓解收入速度的长期行为和周期性行为之间的显著矛盾。与之相反，我们在接下来的部分中的研究结果综述已经对这一显著矛盾进行了明确，该研究揭示了该中心矛盾的另外一个矛盾，或者说中心矛盾的另外一面。

之前调和货币流通速度的长期行为和周期性行为的尝试主要集中在除收入之外的变量上，如利率或价格变动速度。这些尝试并不成功。而其他变量毫无疑问会影响货币需求量，并进而影响货币的流通速度，在大部分情况下，货币流通速度并不具有能够解释所观察矛盾的周期模式。但无论如何，其对速度的影响大到能够解释所观察的巨大矛盾还是值得质疑的。

关于这种矛盾的另一种理论解释是我发表的关于消费的一篇论文——这是一个非常突出的示例，即一个领域内的工

---

① See in particular Richard T. Selden, "Monetary Velocity in the United States," in Milton Friedman (ed.), *Studies in the Quantity Theory of Money* (Chicago: University of Chicago Press, 1956), pp. 179 - 257; and Ernest Doblin, "The Ratio of Income to Money Supply: An International Survey," *Review of Economics and Statistics*, August 1951, p. 201.

作会如何对另一个看似毫不相干的领域内的工作产生重要的影响。这一将重点放在"收入"和"价格"上的理论解释将在本文的第二节和第三节中进行介绍，这一理论解释是可通过定量实验进行验证的。第四节介绍的是定量实验，非常令人鼓舞。该结果既是对所观察之速度行为更为充分的理解，也是对其在货币需求理论中的重要性的不同以往的再一次强调。

货币行为的一个无法被该解释说明的重要特征是实际现金余额的一贯倾向，根据趋势进行调整，并在一般经济活动的波峰和波谷中起到主导影响。在第五节中，我们尝试初步探讨能够说明收入决定的期望现金余额与实际现金余额之间不匹配的那些因素。最后，在第六节中，我们对本文所得结论的更为广泛的含义进行探讨。

一、美国实证证据概述

近日，一项关于货币存量长期行为和周期性行为及其与收入和价格之间关系的完整论述的著作由安娜·施瓦茨和我在美国国家经济研究局完成。出于介绍的目的，接下来我将对我们的调查结果进行简要描述。

（一）长期行为

（1）实际人均货币存量中的长期变化与实际人均收入的长期变化之间具有高度的对应关系。为了对这种关系进行研究，我们已经使用完整参照周期内的平均值作为我们的基本观察值。我们以相邻的两个波谷之间的期限作为一个周期，对 20个周期进行了测量，这 20 个周期覆盖 1870—1954 年整个时期。实际人均货币存量的对数与实际人均收入的对数的简单相关系数为 0.99，计算得到的弹性为 1.8。[①]

一般而言，真实人均收入提高 1 个百分点，真实人均现金余额就会提高 1.8 个百分点，而收入流通速度就会下降 0.8 个百分点。如果我们将这些结果解释为对沿着稳定的需求关系运动的反映，这意味着在消费理论的术语当中，货币是一个"奢侈品"。由于两个具有相关性的时间序列中存在较强的趋势成分，较高的相关性并不能足以让我们有信心认为统计回归是对需求关系的一种有效估计方法，而不去相信这仅仅是由趋势上偶然的差异造成的结果。然而，其他来源的证据使我们相信我们可以这么认为。

我们已经调查了利率和价格变动速率的影响。在我们的实验当中，利率会对理论考量中应该期待的方向产生影响，但是这种影响非常小，以至于在统计学上不具有显著性。目前我们无法使用相关技术隔离价格变动速率所产生的任何影响，尽管历史分析告诉我们这种影响一直存在。

（2）在我们所研究的 90 年中，货币收入出现过多个长期变化趋势。作为一个算术问题，货币收入的这些变化趋势可以归因于名义货币存量和流动速度的变化。如果是这样的

---

① 两个波峰之间测量周期对应的数值为 0.99 和 1.7。在这两种相关性中，"货币"被定义为公众所持有的货币、调整后的活期储蓄和商业银行的定期存款。我们能够采集到自 1867 年之后的数据记录，而关于定期存款的数据直到 1914 年之后才有记录。有关支持货币定义的其他原因，请参见当前正在筹备中的美国国家经济研究局（NBER）的专题著作。对于"收入"的定义，我们使用的是西蒙·库兹涅茨（Simon Kuznets）的国民生产净值估计，并对战时数据进行了调整，使之接近当前美国商务部的估算值。关于"价格"的定义，我们使用的是库兹涅茨以可比价格估算的国民生产净值平减指数。

话，货币存量的变化与流通速度的变化是相反的，并且其变化幅度也会大得多，以至于支配了货币收入的变化。因此，价格的长期变化趋势忠实地反映了每单位产出的货币存量的长期变化趋势。相较于实际收入和实际货币存量而言，这种长期变化趋势更多的是体现在货币收入和名义货币存量中，也就是说，这种长期变化趋势在很大程度上是价格的变化趋势。

（二）周期性行为

（1）与实际收入一样，实际货币存量能够与循环周期正向一致（conform positively）；也就是说，其在扩张期倾向于上涨，在紧缩期会以相对较低的速度上涨或下降。但是，实际货币存量的振幅显著小于实际收入的振幅。如果我们考虑长期趋势，在周期当中，实际收入 1 个百分点的变化会伴随着实际货币存量在相同方向上大约 0.20 个百分点的变化。

由此得出的结论是，在周期性扩张期间，当实际收入上升时，收入流通速度也倾向于上升，在周期性收缩期间，当实际收入下降时，收入流通速度也倾向于下降。我们能够从数据（绝大部分数据都是年度数据）中得出的结论是，与一般性经济活动一样，收入流通速度大致在相同时间达到其波峰和波谷。

（2）与长期变化趋势一样，货币收入中的周期性变动也可以归因于名义货币存量和收入流通速度的变化。如果是这样，货币存量和收入流通速度的变化方向是相同的，并且变动的幅度也大致相等，因此我们不能说货币存量或收入流通速度在货币收入的变化当中起到支配作用。

（3）表1总结了分析中所使用的变量的周期性变动规模，其中周期性变动规模通过周期性扩张期间的月度变化速率超过周期性收缩期间的月度变化速率的程度来衡量。

（三）对比

这些研究结果形成了鲜明的对比。在较长的时期内，**实际**收入和收入流通速度倾向于朝着相反的方向运动；在参照周期内，则朝着相同的方向运动。在较长的时期内，名义货币存量的变化处于支配地位，至少在统计意义上是这样，**货币**收入的波动以及收入流通速度的反向变化在定量方面的重要性较小；在参照周期内，收入流通速度的变化方向与名义货币存量的变化方向相同，并且在解释货币收入的变化上，二者在定量方面的重要性相当。接下来我将尝试对此展开解释。

表1　收入、货币存量、收入流通速度和价格的周期性变动：
参照扩张期和紧缩期中月度变化速率的差异，1870—1954 年
间的年度分析（战争年份除外）*

	参照周期内的月度变化 参照周期		扩张期超出紧缩期的程度
	扩张期 （1）	紧缩期 （2）	（3）
12 个温和萧条周期：			
货币收入	0.64	−0.07	0.71
货币存量	0.55	0.28	0.27
收入流通速度	0.08	−0.32	0.40
隐含价格平减指数	0.12	−0.02	0.14
实际收入	0.52	−0.05	0.57
实际货币存量	0.43	0.30	0.13

续表

	参照周期内的月度变化 参照周期		扩张期超出 紧缩期的程度 (3)
	扩张期 (1)	紧缩期 (2)	
6个严重萧条周期：			
货币收入	0.64	−0.97	1.61
货币存量	0.60	−0.28	0.88
收入流通速度	0.02	−0.69	0.71
隐含价格平减指数	0.16	−0.44	0.60
实际收入	0.46	−0.53	0.99
实际货币存量	0.42	0.18	0.24

＊该分析是依据亚瑟·伯恩斯（Arthur F. Burns）和威斯利·米切尔（W. C. Mitchell）的《商业周期衡量》（*Measuring Business Cycles*）（纽约：美国国家经济研究局，1947年，第197-202页）中的论述展开的。由于经过四舍五入，第（3）列有时候与第（1）列和第（2）列之差并不严格相等。严重萧条周期指的是1870—1878年、1891—1894年、1904—1908年、1919—1921年、1927—1932年和1932—1938年。其他时间为温和萧条周期，但是1914—1919年和1938—1946年的战争时期除外。分类的基础已经在美国国家经济研究局的专题著作（现在正在筹备中）中进行了论述。"货币收入"指的是现行价格的国民生产净值，是西蒙·库兹涅茨初步估算的，用于美国国家经济研究局研究美国资本形成的长期趋势。"货币存量"指的是刚才所提及的专题著作中6月30日的数据。"收入流通速度"指的是年度货币收入除以货币存量。"价格平减指数"指的是货币收入除以实际收入。"实际收入"指的是1929年水平的国民生产净值。"实际货币存量"指的是货币存量除以隐含价格平减指数。

二、建议性解释

这里一开始需要重点注意的是，名义货币存量决定因素与实际货币存量之间存在的本质差异。名义货币存量是由单一货币发行机构自由裁量发行的纯粹信用货币决定的。因此，货币数量的名义数目是货币当局任意创造的。货币持有人无法直接改变这一数量。但是货币持有人可以作为整体支配实际货币金额。如果他们想持有相对较少的实际货币，货币持有人个人可以通过提高支出以降低其名义现金余额。但这并不能改变他们所持有的名义货币存量——如果有人成功地降低了其名义现金余额，其只能通过将货币转移给其他人的方式来实现。这会增加支出流进而提升货币收入以及价格，从而将实际货币量降低到所需要的水平。与之相反，如果货币持有人想要持有相对更多的实际货币，他们个人可以想办法提高其名义现金余额。货币持有人是无法作为整体成功做到这一点的。但是，他们可以尝试减少名义支出流进而降低货币收入和价格，从而提高实际货币量。考虑到实际收入水平，收入与货币存量之比或收入流通速度完全由实际货币存量决定。因此，上述解释同样也适用于收入流通速度。收入与货币存量之比或收入流通速度也由货币持有人决定，或者换句话说，这是关于其希望持有的实际货币量的决策的一种反映。因此我们大致可以说，货币持有人改变其实际货币量的决策和改变收入流与货币存量之比的决策之间是可以互换的。

对于我们的研究所涉及的时间段的普遍存在的货币安排而言，情况可能会更为复杂。在所研究的周期中，当美国处于有效的金本位制时期时，货币持有人降低其相对于收入流的现金余额的尝试会使美国国内物价水平升高，并进而抑制出口，鼓励进口，黄金外流的趋势会增大。除此之外，随着美国国内物价水平的升高，黄金生产成本的升高会抑制黄金的生产。这些都会降低名义货币供应量。与之相反，货币持有人提高其相对于收入流的现金余额的尝试会通过相同的渠道使名义货币供应量提高。这些影响依旧会发生，但是通常会被美联储所采取的行动抵消。

在所研究的周期内，商业银行体系做出了更为复杂的反应，这些反应有时候是违反常理的。例如，货币持有人降低其相对于收入的现金余额的尝试会提高收入和价格，从而形成一种经济扩张的氛围，银行在这种情况下通常乐意接受较低的流动资产利润率。这会提高名义货币供应量，而非降低。类似地，货币需求量的变化也会影响证券价格和利率，而利率会影响银行系统所提供的货币量。自 1914 年以来，这些对美联储采取的行动也产生了进一步的影响。

在对立的方向上也存在一些间接影响，这种间接影响体现在自货币供应条件的变化到货币名义需求量的变化上。无论出于何种原因，如果货币发行机构扩大名义货币量规模，至少起初，这会对利率等产生直接影响，进而影响货币需求量，并且可能还会对货币收入和实际收入产生影响。

尽管存在这些在完整的分析当中均需考虑的诸多限制性条件，将名义货币量看作主要是由货币供应条件决定的，而将实际货币供应量与货币收入流通速度看作主要是由需求状况决定的，似乎非常有用。这意味着，我们应当将对需求端的调查作为对所观察到的流通速度的表现的初步解读。

依据上述内容，实际货币存量和收入流通速度的变化反映的是：（a）相对固定的货币需求表的变化，这些变化是由进入需求表的变量的变化引起的；（b）需求表本身的变化；（c）对需求表的暂时偏离，也就是使实际货币存量偏离合意货币存量。本文的剩余部分尝试在不引入涉及（b）和（c）的更为复杂的情况下，基于（a）的情况，说明收入流通速度的周期性行为和长期行为。

对此进行说明的一种方式是将收入流通速度中的周期性变化看作是对除收入以外的变量的影响的反应。为了对此做出满意的解释，我们设定其他变量会施加与收入相反的影响，并且在力度上足以在决定收入流通速度的变化当中处于支配地位。我们的长期研究结果显示这站不住脚，因为我们发现，对于实际现金余额而言，收入似乎是影响实际现金余额需求的支配变量。此外，作为首先浮现在脑海中的其他变量，利率所表现出的周期类型似乎不大可能说明收入流通速度的规模、持续性和同步性。在第一次世界大战之前，在扩张期，公司的长期利率经常接近其波谷，而在收缩期接近其波峰。

自第一次世界大战以来，这种模式变得不再常见，其特征是滞后时间变短了。短期商业票据利率也滞后于波峰和波谷，尽管间隔时间更短，但是自 1921 年以来，这种时间滞后也出现了类似的变短。活期贷款利率逐渐与周期一致，六个周期内的短期和长期政府债券的收益率也同样如此。在我们所调查的利率当中，只有这些利率拥有正确的时间模式来解释收入流通速度的同步模式。但是，在周期与周期之间，活期贷款利率和政府债券在行为方面都并非高度一致的。即便如此，这些特定利率或其他未记录的利率的周期性变化的影响是否比长期变化的影响更能抵消其他利率或收入中的反向变化影响，也是值得怀疑的。此外，早期的研究已经尝试在这些方面对收入流通速度的变化进行解释，但是这些研究所取得的成果有限。[1]

---

① Selden, op. cit., pp. 195 - 202.

对收入流通速度的周期性行为和长期行为进行说明的一种非常不同的方式是将统计度量上所谓的"实际收入"看成与周期性分析而非长期性分析的理论结构相对应。我的关于消费的著作已经对此进行了介绍。同样在该领域中，短期和长期经验结果之间存在明显的冲突：个别年份的截面数据表明，高收入情况下的平均消费倾向低于低收入情况；但是，长时期的时间序列总量数据显示平均消费倾向并没有随着收入的提高而表现出长期下降的趋势。分析表明，这种冲突可以通过区分"测得"（measured）收入（统计学家所记录的数据）和"持久"收入（这是一个认为个人可以调整其消费的长期概念）的差异来说明。①

依据持久收入假说，当一个消费个体出现短期的收入提高时，也就是说，当其"测得"收入超出其持久收入时，该临时部分会被添加到其资产当中（可能也以耐用消费品的形式体现）或用于降低其负债，而非用于消费。与之相反，当一个消费个体的收入出现短期降低时，尽管该消费个体会依据其持久收入调整其消费，但其会通过缩小资产规模或增加负债的形式为超出其测得收入的部分筹资。

该消费行为理论可直接适用于消费个体而不是商业企业持有的货币存量部分。问题是如何对货币持有行为进行解读。许多关于货币持有"动机"的理论文献建议将货币持有解读为一个充当短期收入变化的缓冲器的资产负债表项目；当短期收入变化是正值时，其是随之增持的资产项目，而当短期

---

① 请参见我所著的《消费函数理论》（*A Theory of the Consumption Function*）（National Bureau of Economic Research，Princeton University Press，1957）。

收入变化为负值时，其是为筹集资金消费（如果需要的话）而随之减持的资产项目。

对于非常短期的时间，这种解读可能是成立的。但是，如果这种解读在一个经济周期内有效，它会引入收入流通速度的周期性行为，而该行为与所观察行为恰好相反。在经济周期的高点，测得收入会超过持久收入，而在经济周期的低点，测得收入会低于持久收入。现金余额在经济周期波谷会出现反常的下降，并在经济周期波峰异常累积。因此，现金余额相较于收入而言其波动程度更大，收入流通速度与之恰好相反，在经济扩张期内，收入流通速度降低，而在经济收缩期内，收入流通速度升高，而事实的确是这样。

另一种方式是将货币解读为一种持有以获得其服务的耐用消费品，可产生与货币存量成一定比例的服务流，这意味着冲击缓冲器的作用由资产负债表中的其他项（如耐用品、未偿消费信贷、个人负债以及可能持有的有价证券的存量）来充当。一般而言，在这种解读当中，与消费服务量类似，需要的货币量并不随测得收入而是随持久收入而调整。这种解读与我们得到的长期结果是一致的。我们用于获得长期结果的收入数据是整个周期的平均值，该数据可类似地看作是持久收入值，而非年度值。但无论如何，由我们的研究所覆盖的周期可得出，持久收入部分的变化在货币的周期性变化中起到支配性作用。[①]在周期分析中，持久收入在一个周期内不一定是稳定的。在经济扩张期，持久收入可能会升高，而在经济收缩期可能会下降。但

---

① Ibid., pp. 125 - 129.

是可以假定，在经济扩张期，持久收入的上升幅度低于测得收入，在经济收缩期，持久收入的下降幅度小于测得收入。因此，如果货币持有行为是根据持久收入而调整的，则货币持有量的涨幅或降幅可能会超过我们的长期结果所要求的一定比例的持久收入，但是低于我们的周期性结果所要求的一定比例的持久收入。

换一种方式，假定需求的实际现金余额依据长期分析中估计的关系，完全由实际的持久收入决定，并且实际余额自始至终等于需要的余额。**给定**收入流通速度通过**持久收入**除以货币存量计算，收入流通速度在经济扩张期会下降，在经济收缩期会升高（或出现较小幅度的下降）。但是，我们所称的"收入流通速度"数值并非采用该方式计算而得；其是通过测得收入除以货币存量计算而得的。"测得的收入流通速度"低于我们所称的"持久收入流通速度"，因为测得收入低于持久收入，并且在经济波峰时会更高，之后测得收入高于持久收入。因此，测得收入流通速度与经济周期正向一致，尽管持久收入流通速度与之反向一致。

以上分析仅适用于消费者的现金余额。但是这些分析可以很容易地被扩展到商业现金余额上。商业活动将现金作为一种生产资源持有。但问题是，现金是否为类似于货物库存的资源，在这种情况下，经济周期中现金余额的波动是否比当期生产的波动更大，或者现金是否为类似于固定资产的资源，在这种情况下，其波动会更小，并会根据企业计划的长期生产经营而进行调整？后一种情况涉及与持久收入类似的概念。如果观察到的更大的周期正向一致性更多地反映的是收入而不是货币的商业持有或消费者持有的变化（从这两个构成部分的变化的重要性以及收入流通速度的一致性行为来看，似乎确实是这样的），答案一定是现金余额类似于固定资产，而非货物库存，并且其他资产或负债充当了商业活动的冲击缓冲器，如同在消费者的例子里一样。

持久收入和测得收入之间的差别能够使得观察到的收入流通速度的周期性行为得到合理化解释。但是这种差别并不能很容易地合理化解释实际现金余额的变化。我们的长期分析显示，实际现金余额与周期正向一致，其波动幅度几乎是持久实际收入的两倍。观察到的实际现金余额确实具有周期正向一致性，但是其波动幅度非常之小，以至于我们无法确认该波动幅度是否大于持久实际收入的波动幅度。换句话说，其仅仅会引起物价指数非常温和的变化，而在这一尺度下，误差的边际变化也可以将正向一致性转化为反向一致性。

解决方案是直截了当的。我们并没有把我们的逻辑进一步推到足够远。如果将逻辑用于货币收入和实际收入，测得收入和持久收入之间的差别意味着价格也会出现相应的差别。为了将这一问题置于经济学而非算术语言中进行分析，我们的分析表明，现金余额的持有人依据其持久收入额而非收入凭单决定其持有的现金金额，而这为将持久收入与测得收入区分开来提供了合理依据。出于同样的原因，现金余额的持有人依据持久价格变动趋势决定所持有的现金余额，而非依据当前价格或测得价格。例如，我们假定，价格永久翻倍或者翻倍 X 天，之后恢复正常，并且货币持有人能够正确预测这种变化。在这两种情况下，货币持有人在第 X 天几乎并不想持有相同的名义现金余额，即便是价格在此之后恢复正常。一般而言，不管所持有的现金余额如何变动，这些现金余额都会被持有相当长一段时间，并且该时间长度不确定。可以推想，货币持有人会以货物和服务的数量来判断持有的现金余额的"实际"数量，调整使得二者相一致，这种调整不会随时进行，而是在相当长的时期且不确定的时间范围内进行；也就是说，货币持有人会依据"预期"价格或"持久"价格而非以现行价格对其进行评价。这种考量当然不能排除对价格短期变动的某些调整。这种变动为将财富从现金形式转化为其他资产形式提供了利润空间，反之亦然，并且这种变动会影响人们对未来价格水平的判断。随着时间的推移，与持久收入类似，持久价格水平不一定是一个常数；其会以一种更为平稳且波动更小的方式背离当前的价格水平。

从这一观点来看，当期价格水平应该达不到经济周期波谷时的长期价格水平，并且会超过经济周期波峰时的水平，因此，在经济周期波谷时，测得实际现金余额会大于持久实际现金余额，而在经济周期波峰时，测得实际现金余额会小于持久实际现金余额。由此得出结论，测得实际现金余额相较于持久实际现金余额而言，其周期性变动更小，甚至能够反向顺应周期，即便持久实际现金余额与周期正向一致。

三、一个符号化的重述

持久量与测得量之间的区分能够通过二者长时期的行为调和参照周期内的测得收入流通速度（其表现为正向一致的倾向）与测得实际现金余额（其呈现为非常温和的周期性变

动的倾向）的定性行为。但是关键问题依旧是：这种缺乏是否不仅能够调和定性行为，还能为定量行为提供合理化解释？毕竟，基于利率的解释也能够合理说明该定性结果；我们之所以拒绝它是因为，在更为细化的定量层面这一解释似乎是矛盾的。

符号化的重述和更准确地对其进行解释将有助于这一定量分析。设：

Y：测得收入总额，按照名义价值计算；

P：测得物价水平；

M：总货币存量，按照名义价值计算，测得总货币存量与长期总货币存量相同；

N：人口，测得人口与长期人口相同；

Y_p、P_p：分别是长期名义收入总额和持久价格水平。

$y = \dfrac{Y}{P}$：测得收入总额，扣除物价因素；

$y_p = \dfrac{Y_p}{P_p}$：持久收入总额，扣除物价因素；

$m = \dfrac{M}{P}$：测得总货币存量，扣除物价因素；

$m_p = \dfrac{M}{P_p}$：持久总货币存量，扣除物价因素；

$V = \dfrac{Y}{M} = \dfrac{y}{m}$：测得收入流通速度；

$V_p = \dfrac{Y_p}{M_p} = \dfrac{y_p}{m_p}$：持久收入流通速度。

在这些符号中，用于拟合长期数据所需要的方程式可以写成下述形式：

$$\frac{M}{NP_p} = \gamma \left(\frac{Y_p}{NP_p}\right)^\delta \tag{1}$$

该式将持久人均实际余额表达为持久实际人均收入的函数，其等价形式为：

$$m_p = \gamma N \left(\frac{y_p}{N}\right)^\delta = \gamma N^{1-\delta} y_p^\delta \tag{2}$$

该式将持久实际余额总和表示为持久实际收入总额与人口的函数，其中，γ 和 δ 为参数，δ 的估计值约为 1.8。[①]

依据定义可得出：

$$m = \frac{M}{P} = \frac{M}{P_p}\frac{P_p}{P} = \frac{P_p}{P}m_p \tag{3}$$

因此，需求方程式的第三种形式是：

$$m = \frac{P_p}{P}\gamma N^{1-\delta} y_p^\delta \tag{4}$$

该式将测得实际余额总额表示为持久实际收入总额、人口和持久价格与测得价格的函数。

这种关系也可以以收入流通速度的形式来表示。依据定义，$V_p = \frac{y_p}{m_p}$，式（2）的等号两侧分别除以 y_p，我们可以得出：

$$V_p = \frac{y_p}{m_p} = \frac{1}{\gamma}N^{\delta-1} y_p^{1-\delta} = \frac{1}{\gamma}\left(\frac{y_p}{N}\right)^{1-\delta} \tag{5}$$

依据定义，我们得出：

$$V = \frac{Y}{M} = \frac{Y}{Y_p}\frac{Y_p}{M} = \frac{Y}{Y_p}V_p \tag{6}$$

---

① 无论采用何种货币需求方程式的精确形式，基本分析均自然成立。为了简单起见，我们使用的是这种特殊形式，因为其能够令人满意地拟合现有证据。但是，对于未指明形式的更为广义的需求方程式，整个分析需要重新叙述。

因此，有：

$$V = \frac{Y}{Y_p} \frac{1}{\gamma} \left(\frac{y_p}{N}\right)^{1-\delta} \tag{7}$$

在解释式（1）、式（2）、式（4）、式（5）和式（7）时，我们需要记住的是，这些方程式并不能精确符合观测数据。因此，在稍后的步骤中，我将会对观测值加以区分，例如，测得收入流通速度和由式（7）得到的估计值。

四、对上述解释的检验

到目前为止，我们完全可以假设：引入的持久量——持久收入和持久物价——在周期上的波动要小于相应的测得量。我们可以更深一步讨论持久量必须波动多少才能足以解释收入流通速度和实际现金余额的定量、定性和平均化行为。该问题的答案能够为所提出的解释的可信度提供一些内在证据，并为外部证据的引入提供出发点。

考虑表 1 中所列的温和萧条周期，并忽视人口的温和周期性变化，这样，总值与人均值便具有相同的含义。如果测得量和持久量可以看成完全相同，从长期数据中计算的收入弹性值 1.8 能够将实际收入中 0.57 的周期性变动转化为所需**实际**现金余额中 1.03 的变化。隐含价格指数中 0.14 的变化反过来能够转化为合意**货币**现金余额 1.17 的变动。现金余额中的实际变动最大为 0.23，或者为 23%。因此，为了使长期结果与周期性结果一致，持久收入和持久物价中的周期性变动在测得收入和测得价格中必须为 23%——这一结果似乎并非不合理。对于严重萧条周期而言，相应的数据就变成了 37%，这也同样貌似合理。此外，看起来非常合理的是，在严重萧条周期，该数据会比温和萧条周期的数据更大，因为严重萧条周期一般而言比温和萧条周期持续的时间更长。[①]

当然，直观合理性的这种测试说服力并不强。为了进行说服力更强的测试，我们必须引入某些关于测得量和持久量之间关系的独立证据。此类证据的一个来源是在消费方面对所进行测试进行解读的著作。在从总和时序数据中推导消费函数时，我得出的结论是，持久收入的估计——我所谓的从理论概念对其进行区分的"预期"收入——是由下述函数确定的：

$$y_p(T) = \beta \int_{-\infty}^{T} e^{(\beta-\alpha)(t-T)} y(t) \mathrm{d}t \tag{8}$$

用文字表达的话便是，在 T 时间的预期收入的估计是由过去收入的加权平均数确定的，这些收入每年以 α 个百分点的

---

① 设 $\dot{M}$ 和 $\dot{P}$ 为表 1 最后一列中的名义货币存量和测得价格的周期性变动；设 $\dot{m}_p$ 和 $\dot{P}_p$ 为持久实际余额和持久价格中的周期性变动。则对于第一近似值而言，满足：

$$\dot{M} = \dot{m}_p + \dot{P}_p \tag{ⅰ}$$

因为货币存量是持久实际货币余额和持久价格水平的乘积，利用式（2），我们可以得到

$$\dot{m} = 1.8\dot{y}_p \tag{ⅱ}$$

其中，$\dot{y}_p$ 为持久实际收入中的周期性变动（回想一下我们已经忽略了人口的任何周期性变动，因此，$\dot{y}_p$ 也等于长期实际人均收入的变动）。

设

$$\dot{y}_p = k\dot{y} \tag{ⅲ}$$
$$\dot{P}_p = k'\dot{P} \tag{ⅳ}$$

其中，$\dot{y}$ 为测得实际收入的周期性变动，k 和 k' 为需要确定的未指定常数。将式（ⅱ）、式（ⅲ）和式（ⅳ）代入式（ⅰ）中，我们得出：

$$\dot{M} = 1.8k\dot{y} + k'\dot{p} \tag{ⅴ}$$

乍一看，我们似乎可以从类似方程式的一组数据中，从收入流通速度方面表达测得收入流通速度的式（ⅰ）中推导出 k 和 k'，但是，由于收入流通速度、货币和收入之间已经界定的关系，所获得的方程式与方程式（ⅴ）完全相同。

本文中的计算隐含地假设了式（ⅴ）中 $k=k'$。分开估计 k 和 k' 需要两组数据。一种可能性是假定 k 和 k' 不同，但是在严重萧条周期和温和萧条周期，这两个数值是相同的。通过该计算得出的 k 和 k' 值分别为 0.11 和 1.15。k' 值与所分析的持久价格和测得价格的概念相矛盾。

长期增长速度进行调整，这些权重以指数形式下降，并趋向于等于 $e^{\beta(t-T)}$，其中，t 是被求权的观测时间数。β 的取值估计为 0.4，α 估计为 0.02。[1]

与确定总消费支出有关的持久收入的概念不一定就是与确定现金余额有关的持久收入概念。[2] 但是如果这两个概念相同也不为奇。假设二者相同，我们能够通过从相应的观测年度序列数据中计算出持久实际收入和持久价格的估计值，那么可以使用刚刚介绍的加权模式，独立估计出上一段中所引用的百分比。

这些计算的结果概述请参见表 2 中的第（1）列、第（2）列和第（3）列。[3] 第（3）列中如此所获得的估计与仅基于内部证据构造的估计的吻合度非常高，二者之间的差异仅仅为 15%～30%，即便这些计算以独立数据为基础，即便长期量估算中所使用的权重是出于其他目的而推导的。此外，差异

---

[1] Friedman, A Theory of the Consumption Function，pp. 146-147.

[2] Friedman, A Theory of the Consumption Function，pp. 150-151.

[3] 首先，这些结果对于我上述所使用的两个假设而言似乎是相关的——一个假设是 $k=k'$，另一个假设出现在第 135 页的脚注中，$k\neq k'$，但是在严重萧条周期和温和萧条周期中，k 值是相同的，k' 同样也是如此。对于这一问题，结果是比较清晰的。表 2 第（3）列中的内容对第一个假设进行了清晰表述。

但是，詹姆斯·福特（James Ford）已经向我指出，该结果很大程度上是长期收入与物价估算中所做假设的一个推论，也就是说，两种情况使用的是相同的 β 值。该假设没有任何独立的试验性证据，因此，以此为基础的结果并不能为 $k=k'$ 的假设给出任何独立证据。

对于由正弦曲线确定的测得量的特殊情况而言，当通过测得量的加权平均值估计长期量时，相关的长期量和测得量完全由 β 值确定。当 β 取值 0.4 且周期长度为 43 个月时（温和萧条周期的平均长度），正弦曲线的相对振幅为 0.22。当 β 取值 0.4 且周期长度为 47.5 个月时（严重萧条周期的平均长度），正弦曲线的相对振幅为 0.25。这些结果与表 2 中的计算值几乎相同。但是二者之间的差距足以说明，正弦曲线的背离会对结果产生显著影响。

依旧存在；严重萧条周期与温和萧条周期之间的差异体现在相同的方向上，并且大致具有相同的量级。

这些结果已经足以鼓舞人心，让我们可以超越间接检验，看看我们的解读在多大程度上不仅与货币余额的周期性运动的规模及测得流通速度保持一致性，而且与它们的整个周期性模式保持一致性，不管平均来说还是逐个周期来说。

为了在充分一致的基础上进行该检验，我们首先将估计得到的持久收入而非测得收入的周期平均数当作独立变量，重新计算了长期需求方程。这种替代会使相关系数略微变大，能够提供有利于持久收入解读的证据。这种替代同样也会略微提高估计得到的需求弹性，但并不足以改变上文中给出的相对较大的数值。

我们所获得的计算名义现金余额的方程式为：

$$M^* = (0.003\,23)\left(\frac{y_p}{N}\right)^{1.810} N P_p \tag{9}$$

并且，对于测得收入流通速度而言，满足：

$$V^* = \frac{1}{0.003\,23}\left(\frac{y_p}{N}\right)^{-0.810}\frac{Y}{Y_p} \tag{10}$$

其中，星号 $*$ 用于表示从方程式而非直接获得的观测值中计算的数值。这些方程式是基于整个参照周期的平均值估计的。

对于这些方程式而言，我们可以从相应的年度数据、需要的现金余额和测得收入流通速度的观测值中单独估算每一年的数据，前提是实际现金余额等于所估计的预期余额。我应该将其称为"计算得的现金余额"（computed cash balances）和"计算得的测得收入流通速度"（computed measured income velocity）。

表2 持久实际收入和价格的周期性变动的两个估计值
（以测得实际收入和价格的百分比表示），参照周期：
1870—1954 年，战争年份所对应的周期除外*

	在参照时间区间内，每月变化量在扩张时期超过紧缩时期的量		持久量占测得量的百分比（%）	
	持久量	测得量	持久量，单独估计	基于货币方程式估计的比值
	(1)	(2)	(3)	(4)
12 个温和萧条周期				
实际收入	0.11	0.57	19	23
价格	0.02	0.14	16	23
6 个严重萧条周期				
实际收入	0.29	0.99	29	37
价格	0.18	0.60	30	37

* 各列中的数据来源如下（周期划分请参见表 1）。

第（1）列：持久实际收入和持久价格依据本文中所述内容估算，利用的是库兹涅茨的数据（请参见表 1 中的注释）。这些数据始于 1869 年。为了获得 1869 年的持久量的估计值，我们需要使用 1858—1869 年的测得数据，分配的权重以指数形式下降。因此，测得数据是这样外推的：对于实际收入，假定每年的恒速增长率为 3.5 个百分点；对于隐含价格水平，假定 1858—1868 年间每一年的批发价格指数与 1869 年的数据相同。

第（2）列：表 1 第（3）列。

第（3）列：第（1）列除以第（2）列。需要录入不同情况下的数据。

第（4）列：表 1 第（3）列中的数据使用表达式 $\dot{M}/(1.82y+\dot{P})$ 替代，其中，M 为货币存量，y 为实际收入，P 为价格平减指数，小圆点表示"参照经济扩张期相较于参照经济紧缩期的月度变化超出部分"。

计算得的测得收入流通速度的估算值以及观测得的测得收入流通速度请参见图 1。在解读该图时，我们需要记住的是，计算得的收入流通速度并不是通过直接尝试拟合这些观测收入流通速度值获得的。数据是从 41 个重叠的周期——平均为 2～7 年——加一个公式（估算从消费支出与收入相关性分析中推导出的持久收入的公式）加一个理论链接［式（9）和式（10）之间概述的理论链接］之间的相关性中获得的。周期之间的高度相关性确保了计算得的收入流通速度与测得收入流通速度之间的长期变化。图1展示了年度变动之间的关系。长期结果无法确保一致性；并且如果有什么不同的话，计算得的收入流通速度序列反映的是观测得的收入流通速度中的年度周期，其精度高于长期变化的反映。

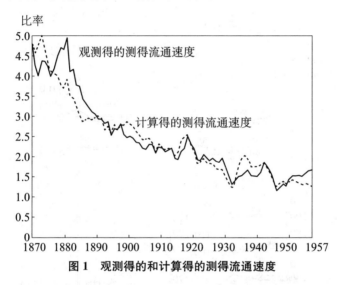

图 1   观测得的和计算得的测得流通速度

为了剥离分析的周期性方面，我们已经计算了计算得的年度测得收入流通速度和计算得的现金余额的参照周期模式，从而彻底消除了图1中重复长期研究结果的部分。图2给出了计算得的年度测得收入流通速度和计算得的现金余额的参照周期模式，图3给出了温和与严重萧条周期的现金余额和测得收入流通速度一般模式。计算得的测得收入流通速度的一般模式几乎完美复制了温和萧条周期的观测得的测得收入流通速度，并且非常接近严重萧条周期。这些周期模式证明这种一致性一般并不简单。这种接近可能反映出在观测和计算收入流通速度中使用的是相同的测得收入，在这种情况下，其在很大程度上可以看作是假的。图 3 给出了测试此种可能性的现金余额模式。该测试证实，这种对研究结果的纯粹统计解释是无效的。现金余额模式与收入流通速度模式几乎完全一致。

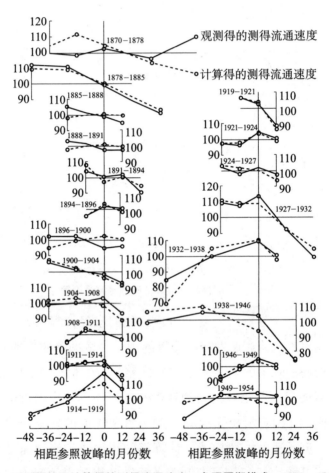

图 2　观测得的和计算得的测得流通速度，参照周期模式，1870—1954 年

注：该图是对图 1 中所示数据的周期性进行分析的过程计算得到的参照周期类比图（参见 A. F Burns and W. C Mitchell, *Measuring Business Cycle* [New York: National Bureau of Economic Research, 1946], pp. 197 - 202）。

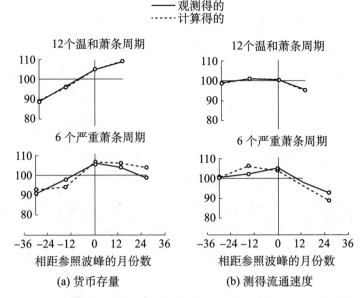

图 3　观测得的和计算得的货币存量以及测得流通速度，平均参照
周期模式，温和与严重萧条周期，1870—1954 年

注：周期划分请参见表 1 中所示。

　　收入流通速度中的周期性变动很大程度上反映出货币沿
着稳定的需求曲线的变动，长期与周期性结果反映的是测得
收入和统计学家在短期内建立的价格之间的分歧，而这些结
果则为上述两个观点提供了有力支撑。

五、解释的局限性

　　尽管这一解释非常重要，但是该解释并不是结果的全部
内容，因为这一解释并没有说明我们的研究结果中关于货币
余额的最重要部分。如果需要的实际货币存量完全是由持久
实际收入决定的，并且如果需要的存量一直等于真实存量，

则真实的实际存量（依据持久价格计算）所具有的周期模式将能够复制持久实际收入的模式，但振幅除外。现在，我们的证据表明，持久实际收入与周期相符，并且在转折点上同步或者有一定的滞后。因此，以持久价格计算的实际现金余额同样如此。名义现金余额等于实际现金余额乘以持久价格，且我们的证据也证实，持久价格与周期相符，并且同步或者有一定的滞后。因此，这一推理意味着，在假定条件下，名义现金余额与周期相符，并且在转折点上同步或者有一定的滞后。因此本文报告的一个主要调查结果是，经过趋势调整的名义货币存量在经济周期的波峰和波谷中都居于主导地位。因此，有必要对流通速度周期性行为中的残差成分进行分析。

对残差成分的令人满意的分析需要使用月度数据，而非年度数据。对于研究时间关系而言，年度数据过于粗糙。例如，图3（a）中的观测得的货币存量的周期模式没有显示出任何差异。因此在对趋势进行调整之后，在任何合理的质疑之外，我们需要对月度数据进行更为详尽的分析。

尽管如此，将对年度数据中的残差成分进行调查作为第一步是很有价值的。图4中残差成分通过观测得的测得收入流通速度与计算得的测得收入流通速度的比值近似得到。该比值在周期中的变化幅度小于测得收入流通速度，因此，其测得的变动会被测得收入和持久收入之间的差异引起的收入流通速度的变动所遮盖。但是，我们对货币存量的分析表明，残差成分可能起着关键的周期性作用。的确，我们关于收入流通速度分析的主要意义或许在于，其能够使我们提取残差成分，以便在很大程度上消除一直以来掩盖了在经济上具有重要意义的运动的收入流通速度的伪变动。

对于严重萧条周期而言，残差成分具有明显的周期模式。在经济扩张周期中，残差成分首先会下降，之后会升高，并在经济扩张中期达到波谷。在经济收缩周期中，残差成分的变动行为难以判断，因为一个周期——最早的周期是1870—1878年——会对所有周期的变动模式产生主要影响，并且该周期的数据并不非常可信。① 如果该周期被忽略，经济收缩的模式将会是，自波峰开始温和下滑，而在经济收缩中期之后会出现快速下降。

平均而言，温和萧条周期中残差成分的变化小于严重萧条周期。这种周期性变动类似于经济扩张期中的严重萧条周期，这与经济收缩期中的严重萧条周期恰好相反。残差成分是现金余额中的周期分量，不能简单地通过对持久收入做出反馈的单变量需求曲线的变动来解释。可能并不令人意外的是，相较于温和萧条周期，严重萧条周期时的这一分量要大得多。在温和萧条周期，通常只有相对较小的周期性变动，这也许意味着，所有其他变量变化从而产生的仅根据收入得到的合意现金余额与实际现金余额之间的偏离也相对较小。

这些其他变量是什么？明显的一个候选项是可以取代货币而持有的资产的收益。持有货币的一种替代形式是持有有

---

① 该问题在于对前一个时期收入的估计。其特征是1869—1879年间以指数形式快速升高。其他证据表明，这至少在一定程度上是一个人为制造的统计结果，其反映的是该段时间收入的可靠数据的极度匮乏。

价证券，另一种替代形式则是持有实物产品。持有有价证券的收益通过有价证券的收益率来衡量，持有实物产品的收益率通过物价变化减去仓储成本来衡量；任何一项都既可以是正值，也可以是负值——物价可能会升高或降低，产品的仓储在超过处理和维护成本之后也能产生便利的收益。但是在任何一种情况下，这些收益均必须与货币相比较，当支付存款利息时，收益为正值，当产生服务费时，收益为负值。

在我们的长期分析中，我们已经发现，企业债的年收益率与实际货币存量和收入流通速度在符合预期的方向上具有相关性：对于给定的实际收入而言，债券收益率升高会降低需求货币的实际存量，也就是提高收入流通速度，反之亦然。但是，企业债在说明收入流通速度的变化中并不会起到任何重要且一致的作用。相较于企业债而言，短期利率与收入流通速度之间的关系更为不紧密。

图 4 对周期性变动中是否会产生长期结果提供了简要的检验。除了观测得的测得收入流通速度和计算得的测得收入流通速度的比值之外（这是我们尝试去解释的残差成分），图 4 还展示了基于年度数据的企业债的平均参照周期模式、基于月度数据的商业票据利率［参见图 4(a)］和基于月度数据的美国短期和长期有价证券收益［参见图 4(b)］，图 4(a) 覆盖了 1870—1954 年的时间，但是战争周期除外。图 4(b) 仅涉及 1921 年之后的 6 个非战争周期，因为我们无法获得较早周期的美国有价证券收益数据。

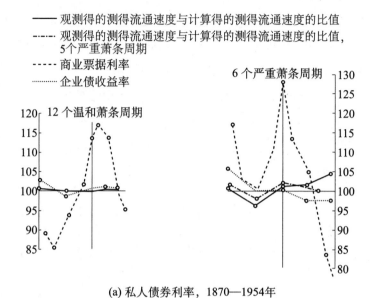

(a) 私人债券利率, 1870—1954年

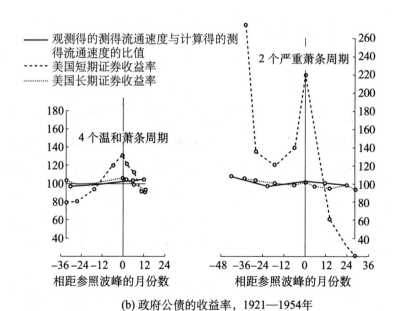

(b) 政府公债的收益率, 1921—1954年

图 4　观测得的测得流通速度与计算得的测得流通速度的比值，与其他经济变量比较，平均参照周期模式，温和与严重萧条周期，1870—1954 年

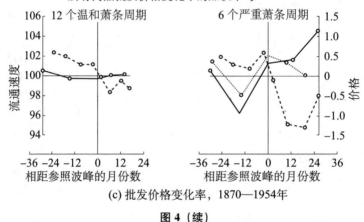

—— 观测得的测得流通速度与计算得的测得流通速度的比值
·········· 观测得的测得流通速度与计算得的测得流通速度的比值，
5个严重萧条周期*
----- 所有商品批发价格变化率的加权平均

(c) 批发价格变化率，1870—1954年

图 4（续）

注：垂直刻度为参照周期相对值（每月参照周期相对值的变化率），但图（c）中右图为价格。图（b）中的参照周期相对值垂直刻度是图（a）的 1/4。图（c）中的参照周期相对值垂直刻度是图（a）的 2.5 倍。

* 1870—1878 年间除外。

　　短期利率的周期性振幅大于长期利率，但其振幅大致与收入流通速度中的残差成分振幅相当。振幅中的这些差异对于我们的目的而言并没有任何特别意义，除非它们能够反映周期模式的一致性。响应的弹性能够抵消利率的波动，反之亦然。但是，振幅中的差异使我们在读图时更为困难，并且会在一定程度上隐藏模式中的一致性或分歧。

　　图中最显著的特征是，在严重萧条周期的经济扩张期，利率的模式和收入流通速度的残差成分的模式之间具有高度相似性。公共和私人债务的长期和短期利率在该阶段有着相同的模式，这四种模式与收入流通速度中残差成分的模式类似：经济扩张的初期阶段利率较高，收入流通速度也是如此，这能够恰当地对非现金资产较高的收益率做出回应；之后在经济扩张中期利率会下降，收入流通速度也是如此，之后利率会再度攀升到周期的峰值，收入流通速度也是如此。

温和萧条周期或严重萧条周期的剩余阶段没有任何此类变动的一致性。对于这些阶段而言，充其量也就是利率变动和收入流通速度中残差成分变动之间存在同族相似性。在严重萧条周期的经济收缩阶段，短期利率和长期利率会出现偏离，短期利率一直在下降，长期利率表现平稳，或在经济收缩中期恢复。残差成分的表现更类似于短期利率，但是这种相似性在细节方面并不相同。在温和萧条周期，短期利率和长期利率的周期性变动相当类似，主要差异是，商业票据利率在经济周期的波峰和波谷相较于企业债收益率而言有较短的滞后。总的来说，对于该周期而言［参见图 4(a)］，残差成分中的周期性变动尽管相当清晰，但是变动依旧很小，无须进行精密的对比；对于 1921 年之后的时间段而言［参见图 4(b)］，这种变动几乎不存在，平均参照周期模式会被内部周期趋势所主导。

许多实证研究已经证实，在物价非常不稳定的时期，物价的变化速率会对货币需求量产生重要影响，尤其是在恶性通货膨胀或存在主要且长期的通货膨胀的时候。[①] 这些研究进一步表明，物价的预期变化率（其变化会直接影响货币需求

---

① 参见 Phillip Cagan. "The Monetary Dynamics of Hyperinflation," in Milton Friedman (ed.), *Studies in the Quantity Theory of Money*, pp. 25 - 117。芝加哥大学货币与银行研讨会的许多未出版研究成果对其他国家和时期的同样关系进行了论证。

量）在很大程度上可被视为是从过去的实际物价变化经验中推导而来的，它比实际物价的变化更为平滑；其有些类似于"长期"物价变化率。这些研究结果意味着，在物价相对稳定的期间，预期物价变化率的任何变化都是非常小的，以至于我们无法感知。这的确是理查德·赛尔登（Richard Selden）在其收入流通速度研究中所得出的结论。[①]

在对该结论进行深入核实之后，我们将各参照阶段之间的物价变化速率绘制在图 4（c）中。这由月度批发价格指数的九阶段参照周期模式推导而来。[②] 我们将所获得的 8 个月度变动率绘制在相应间隔的中点上。由于这些是真实的变化率，其可能高于预期变化率，但是，我们可以期待实际变化率和预期变化率之间存在足够的相似性，以便允许检测预期变化率和收入流通速度中残差成分之间的密切关系。

有趣的是，该结果在很大程度上是利率的翻版。在严重萧条周期的扩展阶段，物价变动率和收入流通速度中的残差成分之间具有相同的模式。在温和萧条周期的扩展阶段，模式类似的程度较低。任何周期的经济收缩期之间均不存在任何系统性关系。

以年度收入流通速度数据和平均参照周期模式为基础的分析过于简单，并不能起到决定性作用。但是，其结果具有

---

① Selden，op. cit. ，p. 202.

② *Historical Statistics of the United States*，*1789 – 1945*（Warren-Pearson series，1870 – 89；B. L. S. series，1890 – 1945［Bureau of the Census]），p. 344；*Continuation to 1952 of Historical Statistics*，p. 47；thereafter. U. S. Department of Labor，Bureau of Labor Statistics，*Wholesale*（*Primary Market*）*Price Index*，monthly issues.

相当大的启示意义。如果将利率和物价变化率的周期模式与测得收入流通速度自身的模式相比较［参见图 3(b)］，则不存在任何明确的关系——如同我们起初在解释为什么需要调和收入流通速度的长期行为和周期性行为的一个替代性方案时所注意到的那样。当我们在进行这组不是与收入流通速度中的残差成分（测得收入流通速度中变动的一部分，其既不能被持久收入的变化对合意的现金余额的影响所说明，也不能被测得收入和持久收入之间的偏离所说明）进行的对比时，二者在一组周期的一个阶段上存在显著的一致性，而且在某个地方也至少存在同族相似性，当然，这其中包含了一些显著的不规则性。如果其他持有资产方式所带来的收益而不是持久收入是影响合意现金余额的主要因素，那么这些结果其实是可以预期到的。当然，这些结果并没有证明这一点。它们可能在比如仅仅几个周期上反映出了偶尔的变化的一致性。而且，它们也没能提供任何体现这种联系在定量分析上的优势的估计。但是，它们确实为在这一方向上进行后续研究提供了支持。此研究的主要要求是，收入流通速度或收入流通速度指标的月度数据的使用，以及对一个周期与另一个周期之间关系而非简单的平均模式之间关系的分析。

六、结论

本文所概述的结果对于货币理论、经济周期的研究以及货币政策的实施与可能性都有着重要的启示。

在货币理论当中，大部分重点都放在了持有货币的不同动机当中——比较著名的三种动机是交易动机、投机动机和资产或预防动机。交易动机通常被认为暗含了现金余额和支付流之间存在某种准机械（quasi-mechanical）关系，并且通常被给予了优先的重要性和讨论。我们的结果向这种突出强调的可接受性投以严重的怀疑。首先，周期性结果明确了短期内的现金余额的变化是因相较于交易波动更小的情况而调整的。其次，收入流通速度的长期下降难以基于交易来进行解释。值得怀疑的是，是否存在交易与收入比值的长期升高以便足以解释已经发生的货币余额与收入比值的上升。此外，交通和通信的改善，更不必说金融机构的改善，几乎一定会降低单位交易的现金余额的机械性需求——的确，欧文·费雪在大约半个世纪之前就基于此提出：从长期来看，流通速度几乎肯定会提高，而其他研究人员在其之后也表达过类似的观点。①

我们的研究结果同样对所谓的投机动机的重要性提出了质疑。有人会期望这种动机可能会受到长尺度周期性变动的影响，因此，如果这种动机主导对货币的需求，这将会导致合意现金余额出现相应的广泛的周期性变动，而我们的观察恰恰相反。

资产或"预防"动机的情况有所不同。持久收入可以被视为是与财富有关的一个概念，并且的确是财富的一个指标，前提是，我们可以将收入的人力和非人力来源都计算为总财富的一部分。沿着这一思路，我们的结果可以采用两种不同的解读方式。一种是相关的资产动机等同于消费动机或收入

---

① Irving Fisher, *The Purchasing Power of Money* (rev. ed; New York, 1913), pp. 79 - 88.

动机。随着持久收入也就是总财富的增加，消费个体会将其支出不成比例地扩展到某些项目中——我们将其称为"奢侈品"。依据这种解读，由货币提供的服务可以包括在这些奢侈品当中。另一种解读则更接近资产动机。持有现金并不与总财富相联系，而主要是与非人力财富相联系。随着持久收入的升高，非人力财富的总价值的上升速度会超过持久收入，这要么是因为这种快速上升是收入上升的必要条件，要么是因为随个人总财富的上升，个人偏好所做出的反应。但不幸的是，现有的关于非人力财富与收入之比的长期行为或周期性行为的证据并不足以对这一解释进行检验。[①] 但是在任一种解读当中，我们的结果均表明，与资产有关的动机和变量是在探求当中最富成效的一类，也即，最富成效的方法是将货币看成是一系列资产中的一个，与债券、股票、房屋、耐用消费品等类似。

我们的结果与所谓的预防性动机的其他方面也存在关联，这一动机认为持有的现金余额对特定或任一利率高度敏感，至少是对某一范围内的利率非常敏感。如果在我们所调查的时间周期内，在所观察到的利率的范围内，这一情况是成立的，则这意味着，实际现金余额以及收入与货币之比具有很强的不稳定性，不管是从长期来看还是从周期来看，因为利率的任何一个微小变动均会被合意的现金余额需求放大。流通速度高度稳定的长期行为则是反对这一观点的证据。而且，我们目前也无法在周期与周期之间找到流通速度的变化和利

---

① 参见雷蒙德·戈德史密斯（Raymond Goldsmith）在《储蓄研究》（*A Study of Savings*）（Princeton，N. J.，1955）中的估计。

率的变化二者之间的任何紧密联系。并且，我们的研究结果
显示，收入流通速度的周期性变动的大部分可以通过测得量
而不是分子里的持久收入对其进行说明。流通速度的其他运
动，尽管以持续的周期模式为特征，尽管基于我们的初步探
索，可以通过利率的变动进行说明，但这种变动非常之小，
以至于无法反映出现金余额非常敏感的调整。

　　一些关于我们的结果对货币理论的启示的评论与经济周
期的实证研究有着直接且明显的对应。最重要的两个额外的
启示都与对流通速度的周期性变动的解读有关。在解释货币
收入的运动以及货币存量的小幅周期变化时，流通速度的变
化与货币存量的变化（从算术意义上说）同等重要。由这一
事实引出的观点是，货币存量的变化并非原动力，甚至在周
期性变化中并不具有主要的独立重要性。这一观点当然可能
是正确的，但它需要重新检验，因为我们发现，从一个角度
来看，绝大部分流通速度的变化是"虚假的"，而关于这一
发现的一个可能后果，即测得收入或许对货币存量高度敏
感，我们将在后面更详细地讨论。关于周期研究的另一个重
要启示是，需要进行研究与解读的流通速度变化的周期模式
并不是之前大家所认为的那样。测得流通速度具有与一般商
业活动大致同步的周期模式，并且相对于参照波谷到参照波
峰的趋势上升，相对于参照波峰到参照波谷的趋势下降。但
是，如果基于测得收入对持久收入的偏离对这种模式进行修
正，其残差的运动表现得非常不同，我们需要对此给予
解释。

　　我们对货币政策分析的最有趣含义是高度猜想性的，涉

及对我们的发现的更为认真且详细的考虑，而不是我所能完全证明的。尽管如此，仅仅为了推动未来更加深入的工作，将它们记录下来也是值得的。假定人们完全接受以下两个设定，其中一个是已得到相当多支持的发现，即，货币持有量会根据持久变量的变化而调整，另一个是还需要进一步探讨且具有试探性的考虑，即，经济活动主体能够以某种隐含的构建加权平均的方式从先前的测得量中推算出对其持久变量的估计。那么随之而来的结论便是，给定一个稳定的货币需求函数，测得收入在较短的时间内对名义货币存量的变化非常敏感——短期货币乘数将会非常大，并且毫无疑问地会大于长期货币乘数。[①] 我们通过数据来对这一试验性结果进行说明：从长期来看，如果我们将实际收入看作是给定的，货币存量增加 1 美元意味着，货币收入的年度水平比之前要高出 1 美元乘以流通速度的量，或者以当前的流通速度水平计算，会高出 1.50 美元——长期货币乘数等于流通速度。但是，从短期来看，测得收入仅增加 1.50 美元是不够的，因为测得收入的大部分上涨都会引起持久货币收入小于 1.50 美元的上涨，因此合意现金余额低于 1 美元。如果我们以年为单位，并接受我们之前用来从测得收入基础上估计持久收入的数值权重，测得收入大致会上升 4.50 美元，估算的持久收入会上升 1.50 美元，对于给定的实际收入而言，合意现金余额会上升 1.0 美元，因此，短期货币乘数是长期货币乘数的 3 倍。

---

① 该观点是加里·贝克尔首次向我提议的。

故事当然不会就此结束。在未来的数年当中会存在延滞效应（carry-over effect），因为估计的持久收入会依据测得收入持续修正。如果货币存量不会进一步上升，这会使得最初假定的货币收入的上涨变得不可持续。因此，这会引起测得收入的周期性反应。此外，货币收入假定的变化可能与产出和物价的变化有关，而产出和物价则会影响合意现金余额与测得货币收入变化之间的关系。我们还需要对这些连锁反应进行更为深入的研究。但是，它们并不会影响这里的要点——测得收入对货币存量变化的敏感性，这是我们的结果所暗含的（如果它们被照单接受的话）。

有趣的是，对于经济对货币存量变化的敏感性以及对投资的变化（被视为驱动周期性变化的另外一个主要因素）的敏感性，持久收入假说依旧有鲜明的含义。持久收入假说意味着经济对投资变化的敏感度相比消费对测得收入而非持久收入做出调整的情况下已经有所降低——短期投资乘数显著小于长期投资乘数。① 另外，我们必须看到，经济对货币存量变化的敏感度相比货币余额因测得收入而非持久收入而变化的情况更为强烈。

本文的一个政策推论是，货币政策的影响应该更多地通过货币存量变化对消费产生的直接影响来实施，而更少地通过利率进而投资和收入的间接影响来实施。另一个推论则是要强调货币存量的相对较小的变化的力量　　无关其是好还是坏。货币存量相对较小的变化，如果时间恰当、定量准确，

---

① See *A Theory of the Consumption Function*，p. 238.

可能足以抵消带来不稳定性的其他变化。反过来说，货币存量相对较小的变化，如果随机设置其时间和规模，可能会成为不稳定性的重要来源。如果我在文中所描述的反应机制从任何实质上来看均是有效的，经济系统可能不会对货币管理中所犯的错误有很大的包容度。

利率与货币需求 *

米尔顿·弗里德曼

凯恩斯主义分析的一个主要路径是追踪关于货币需求的特定经验假设背后的含义，即：货币相对于利率的弹性非常高［用凯恩斯本人的语言来说就是：流动性偏好（liquidity preference）即使不是绝对的，也大致上如此］。这蕴含着非常深远的含义：这将使得价格变化的灵活性在矫正失业的过程中的有效性大大地受到限制；也使得通过公开市场操作所产生的货币流通数量的变化在影响经济状况方面显得力不从心；也将导致政府赤字对收入和就业的影响独立于赤字的融资方式。

到目前为止，一个广泛被接受的共识是，接近绝对的流动性偏好成立所需的条件，如果它们存在的话，是非常少的，以至于凯恩斯主义的这一分析路径在这一点上退缩到一种理

　＊　本人感激戴维·范德（David Fand）、戴维·林赛（David Lindsey）以及乔治·托利（George Tolley），他们对论文的早期版本做出了有益的点评。我也从芝加哥大学货币与银行研讨会的常规讨论以及早前与哈里·约翰逊（Harry G. Johnson）就一些主要议题的广泛交流中获益。

论上的好奇心的状态。

近一段时间，许多经济学家将重大理论方面的重要性赋予了有关货币需求的相反的经验假设，即：货币需求对利率的弹性是可以忽略不计的。他们认为，这种情况对在理论上将货币和真实因素进行分离的可能性方面以及对指导货币政策方面都有着重要的意义。

与凯恩斯的分析一样，这些观点引致了两个方面独立的问题。一个是实证上的：在不同的货币总量上，货币需求对利率的弹性是多少？在不同货币总量和利率水平上，（真实的）货币数量需求与利率之间的相互关系有多稳定？这些弹性在不同的时间区间和国家在多大程度上保持一致性？与解释货币需求总量的其他变量相比，利率有多重要？另一个则是理论上的：对利率高度缺乏弹性的货币需求是否有着所声称的那样深刻的含义？

在实证问题上，各个学者已经取得一些共识，尽管他们使自己的写作区别于他人的自然倾向在一定程度上掩盖了这些共识的存在：（1）我不认为做货币需求方面实证研究的学生有哪个会否认利率会影响对货币的真实需求——但是有些人曾对我有错误的解读，认为我有过这样的主张。[①]（2）虽然

---

① 这一误解根源于我的一篇文章《货币需求：一些理论和实证结果》（《政治经济学杂志》，1959 年第 67 期，第 327 页，作为 1959 年美国国家经济研究局特别论文 68 号重印）。文章中所列的经验需求函数并没有包括利率。而且，在论文的结论部分，我指出："我们无法在货币流通速度与特定利率的变化之间找到任何紧密的联系"可以作为"所持有的现金余额的总量对于'特定'或'某一'利率水平高度敏感"的证据（第 349 页）。

但是，无法确定弹性的具体值与将其赋值为零有着非常大的差别。无论是在该论文中，还是就我所知的其他地方，我都没有主张利率对货币需求数量或货币流通速度没有影响，我只是指出：（a）利率作为货币需求的影响因素，其重要性比实际人均收

（从绝对值来看）货币需求数量的短期利率弹性比其长期利率弹性要低这一点非常明确，但学者对于二者当中哪个与货币需求数量有着紧密的联系并没有一致的看法。（3）几乎所有的估计，甚至长期利率，都呈现出缺乏弹性的结果，即其弹性的绝对值低于1，尽管（包括我们在接下来的分析中所呈现的那样）几乎所有估计值的绝对值都高于安娜·J. 施瓦茨（Anna J. Schwartz）和我在《美国货币史》中得到的 0.15 的绝对值。（4）除了一处例外之外，我所知的每一项关于美国的研究均发现实际收入或财富的变化是比利率更加重要的影响

入的重要性要低，而作为货币流通速度的影响因素，其重要性比永久收入的重要性要低；（b）利率弹性并不是非常高。上述结论总体上已在随后的研究中得到支持。

我在文章中多处强调了利率的潜在重要性。在回答除了收入和价格之外影响货币的数量需求有哪些因素这一问题时，我写道：

> 一个显然的候选对象是可以被持有的能带来回报的除货币之外的其他资产……在证券上所获得的收益率水平……（以及）价格变化的比率……

> 通过简单通俗的分析，我们发现企业债所产生的收益与货币的实际存量以及所预期的方向上的流通速度存在相关关系……但是，债券收益在解释货币流通速度方面远没有像实际收入那样重要和保持规律上的一致性。短期利率甚至没有像企业债券那样与货币流通速度保持高度的相关性。（第 345 页）

我继而对这些简单通俗的分析所得到的结果进行了严格的检验，看它们是否在周期运转中成立，并且对价格变化的比率的影响进行了严格检验。我的结论是：

> 这一分析，基于年度流通速度数据以及仅与一般的参照周期形态做比较，因为过于粗糙而不能给出决定性的结论。但这些结果是具有启发性的……如果以其他方式持有资产所带来的回报是除永久收入之外影响目标现金余额的主要因素，则上述结论是可被预期的。当然，这些结论并不以如此的面貌呈现……但它们定然为在此方向进行后续研究提供了合理支撑。（第 347—348 页）

其他人如何可以将以上表述解读为声称利率对货币需求数量没有影响，这一点让我感到困惑！

在《美国货币史》(A Monetary History of the United States，1867—1960，Friedman and Schwartz，1963) 一书的第 12 章中，我们使用了约为 −0.15 的货币的利率弹性的估计值。这一数据的绝对值低于其他学者所估算的绝对值，实际上也低于我们之后成果中的估算值。但这仅仅是对经验数值的不同估计的问题。

实际货币需求数量的因素。[①] (5) 相比影响实际货币需求数量的因素，学者们对影响货币流通速度的因素之间的相对重要程度缺乏更为一致的认识。一些研究发现，对于某些货币总量，其收入或财富弹性接近 1，这意味着与其相对应的货币流通速度是独立于收入水平的。在其中许多研究里，利率被当作影响货币流通速度的主要变量。其他研究则发现收入或财富弹性显著不同于 1，并且因此得出收入或财富水平在解释货币流通速度上与利率一样重要甚至更加重要，同时一些学者依然认为其他某些变量在解释货币流通速度方面占据主导地位。[②]

关于货币需求的实证研究迅速增长，实证方面的证据正在迅速积累，我们有信心期待这些答案能进一步收敛。

实证研究趋于达成共识的前景使得探讨理论问题显得愈加重要。伴随精准答案而来的货币理论中的基本问题是否如同某学者所说的那样真的已经成形了呢？[③]

我相信，只有对近乎绝对的流动性偏好而不是任何其他发现才能使得这些基础性问题浮上台面。为了为理解经济事件的

---

① 此处将结论限定在美国的原因是在经历显著甚至恶性通货膨胀的国家，价格的变化比率通常是比实际收入更重要的波动因素。

对于美国来说，我所知的一个例外是 Hamburger 所做的一项基于二战之后美国家庭季度数据的研究，参见 The Demand for Money by Households, Money Substitutes, and Monetary Policy, 74 J. Pol. Econ. 600 (1966)。

② 之前关于显著通胀时期的脚注里的评论在此同样适用。对于那些时期而言，预期的价格变化比率差不多也是最能左右货币流通速度的变量。对新近证据的概述，参见: Laidler, The Rate of Interest and the Demand for Money—Some Empirical Evidence, 74 J. Pol. Econ. 543 (1966)。

③ Johnson, A Quantity Theorist's Monetary History of the United States, 75 Economic J. 388, 396 (1965).

过程并以此指导政策奠定实证基础，需要尽可能精确地确定弹性系数的大小。弹性的大小对决定其他特定经济变量的某些经济变量的大小有着重要影响。不过，我认为弹性的精确取值对货币理论的基本问题或者货币政策的施行来说并没有那么重要。本文的目的就是要解释并为这样的结论提供支撑。

理论方面的问题是《美国货币史》的两位评审人向我提出的。[①] 两位评审人均因为施瓦茨女士和我在书中为货币需求的利率弹性设定的较低值对我们提出了严厉的批评。他们同时声称，我们给出的这个结果对该书的最终结论和我在其他地方所提出的政策建议有着重要影响。尽管本文的主要目的并不是要对他们的批评做出回应，但我希望作为某种副产品它能达成这样的效果。在这些评论让我注意到这些问题之后，我也从其他渠道接触到类似的论述。因此，我相信这一问题背后的重要性相当显著。

一、理论问题

引出这一问题的最好方式是直接引用之前提到的两位评审人的意见。

H. G. 约翰逊（H. G. Johnson）：“[1] 如果利率不影响货币流通速度，那么关于货币的分析就可以与实体部门的分析相分离，因为货币数量在短期将左右货币收入，在长期则会左右价格，而不受真实因素的影响。换句话说，如果利息不影响货币流通速度，在一般均衡中，货币分析就必须和实体

---

① Johnson, ibid. ; Meltzer, Monetary Theory and Monetary History, 101 *Schweizerische Zeitschrift fur Volkswirtschaft und Statistik*, 404 (1965).

部门变量结合在一起来解释利率、货币流通速度、实际收入以及价格。[2]并且，在一般均衡中将实体部门和货币部门结合在一起的需要正是凯恩斯革命的意旨所在，因此，将利率引入货币需求函数意味着接受凯恩斯革命以及凯恩斯对货币数量理论的批评。[3]最后，在缺少独立于利率的货币流通速度函数的情况下，弗里德曼教授在其他地方所倡导的采用与通常经济增长相关联的货币增长的固定规则来替代相机抉择的货币管理的做法失去了其吸引力，因为实体部门所造成的利率的变化使得这样的政策规则自动地起到了破坏稳定的作用。"①

阿伦·梅尔策（Allen Meltzer）："[4]如果两位学者系统地将利率和资产收益作为货币流通速度和货币供给的决定因素，那么他们将不得不去做那些他们一直避免去做的事，引入对实体系统的广泛研究来对他们的货币部门的研究进行补充。"②

在此，我也引述另一位非评审人的一段评论，其内容一部分是在对我的论文进行讨论的过程中引发的。

丹尼尔·布里尔（Daniel Brill）："相比以前，对建立在放弃货币需求完全对利率缺乏弹性的假设基础上的货币政策的实施和评估的重要性值得给予更仔细的关注……

"[5]……公众货币需求的利率弹性切断了货币存量与货币收入之间的联系。给定货币存量，这允许支出倾向波动，并影响均衡中的利率和收入水平；[6]这也使得财政政策可以影响对产品和服务的总支出水平，而在很大程度上不影响货币存量。

"[7]相应地，对经济系统施加的金融抑制或刺激的强度

---

① 约翰逊，前述引文第 396 页，编号为本文作者所加。
② 梅尔策，前述引文第 420 页，脚注 5；编号由本文作者所加。

不再以简单的方式在货币存量的变化中得到反映……"①

二、货币因素和实际因素的分离

前文中，被我标记为 [1]、[4] 和 [5] 的点评均主张（或暗示）将利率从货币需求函数中剔除（弹性为零）的做法允许（或要求？）经济中的货币部门和实体部门分离，而引入利率（弹性不为零）则使得这样的分离变得不可能。作为纯理论的问题来考虑，上述论断，根据"货币分析可以与实体部门相分离"的具体解读，在我看来要么非常不完备，要么完全是错误的。②

两种不同的解读看起来值得我们注意：

（a）原则上，单单关于名义货币数量的知识便足以预测（也即，决定）名义收入③的水平，或者也可以预测/决定价格水平。在这种解读中，该论断是不完备的：在此意义上，剔除利率是分离的必要但非充分条件。但是，如果由"名义收入的变化"取代"名义收入水平"，剔除利率既不是必要条件，更非充分条件。

（b）尽管实际变量的大小可能会影响与某一给定的名义货币数量相联系的收入或价格水平，但货币的名义数量及其变化对实际变量并没有影响，包括利率。在这一点上，我认

---

① Brill, Criteria for the Conduct of Monetary Policy: The Implications of Recent Research, 在由美国银行家协会和普渡大学资助的"大学教授会议"（Conference of University Professors）上递交的论文，1965 年 9 月 1 日；编号由本文作者所加。

② 如果如同一些凯恩斯主义者所做的那样，利率本身被认为是纯粹的货币现象，由流动性的表现决定，并且不论是通过投资还是消费都对实体部门没有影响，那么他们的观点还是错误的。但是很明显，引文的作者很隐含地假设了利率受制于并影响实体变量的大小。我完全同意他们：这样的假设更加有用，因此我忽略了那些可以被称作严格的凯恩斯主义例证的情况。

③ 这里，我使用"名义收入"作为约翰逊所指的"货币收入"的同义词，以此来避免在两种不同的含义上使用"货币"一词。

为当中更重要的含义是，剔除利率既不是必要条件，也非充分条件，它仅仅是不相关的。

从经验上来说，前述第一种分离所需的必要条件更多时候大体上是名义收入的变化，更少时候才是价格的变化。我相信，它们几乎不会是（如果曾如此）第二种分离的必要条件。确实，我们所著的《美国货币史》的核心主张正是货币变化对实际现象有着异常重要的作用。

让我转到对前述两种解读的更详细的分析上来。

（a）仅货币数量就可以决定名义收入和价格？如果利率进入货币需求函数[①]，那么单纯由名义货币数量是不可能决定名义收入或价格的。但是，如果利率是稳定的，对利率的了解对预测名义收入或价格的变化并不是必需的，那么在此意义上，将利率剔除在外甚至不是货币与实际因素分离的必要条件。

就充分条件来说，最好将名义收入和价格分开来进行考虑。

对于名义收入而言，分离在当前关于货币和实际因素的讨论中不仅要求利率不进入需求函数，也要求（i）给定的合意的货币流通速度，没有其他实际因素进入需求函数，并且（ii）要么合意的货币流通速度始终等于实际的货币流通速度，要么二者的变化不依赖于实际因素。如果这些条件均满足，那么流通速度要么是一个固定值，要么是货币数量历史值的简单函数。对于名义收入的变化，进入需求函数的实际变量或者调整函数是稳定的。

更具体地，考虑在最近的实证研究中常用到的货币需求

---

① 按照完整的表述，这里的意思是"以非零的弹性被纳入货币需求函数"。

函数，它们将实际货币需求作为人口、实际人均收入、利率、价格变化率以及其他一些变量的函数。假设除了人口和实际人均收入之外的变量都被排除在外，需求的人口弹性被设定为 1，而且实际货币余额也被假定始终等于合意的实际货币余额。即使如此，为了让货币分析与实体部门在我们目前考察的情景下相分离，人均实际货币余额对实际人均收入的弹性也有必要等于 1。[①] 这使得速度独立于实际因素。[②]

---

① 令

$$\frac{M^D}{NP} = f\left(\frac{Y}{NP}\right) \tag{1}$$

即，合意的实际人均货币余额被作为实际人均收入的单变量函数；其中，M^D 为合意的名义货币余额，N 为人口，P 为价格水平，Y 为名义收入；并且假设

$$M^D = M^S \tag{2}$$

其中，M^S 为名义货币供给。如果式（1）是单位弹性的，则它可写作

$$\frac{M^D}{NP} = k \cdot \frac{Y}{NP} \tag{1'}$$

并且解式（1'）和式（2）可以得到

$$Y = \frac{1}{k} M^S \tag{3}$$

因此，知道 M^S 的值已经足够用来预测 Y 了。如果式（1）不是单位弹性的，那么式（3）中的相应部分将有以下形式：

$$Y = g\left(\frac{Y}{NP}\right) \cdot M^S \tag{4}$$

因此，有必要知道实际人均收入以及 M^S 的值来预测 Y。

或者，假设式（1'）成立，但用一个调整方程取代式（2），如

$$\frac{dY}{dt} = \beta(M^S - M^D) \tag{2'}$$

如果 β 是常数，那么 Y 在时间上的模式值依赖于初始条件以及 M^S 的时间模式。但是，如果 β 依赖于实际变量（包括但不限于利率），实际因素将在此被纳入。

② 有必要做如下两点评论：（a）如果在约翰逊的评论（编号[1]）中，"实际部门"仅仅意味着实际因素对利率的影响，其表述也因此是一个无趣的同义反复。（b）在我自己的工作中，我大致上得出了实际人均货币余额关于实际人均收入的弹性大于单位值的结论。我的货币需求的永久收入假说的实质便是，如果测得收入是式（1）中的收入，则前一脚注中的式（2）就是错误的，因此我始终留有另外的实际因素进入的通道。

对于价格，我并没有能够构建经济上有意义的条件从而使得它们的大小仅取决于货币规模。即使在上文的意义上，名义收入与实体部门是分离的，价格水平也依赖于实际产出的总额。但是，如果实际产出可以被看作是不变的，在给定有关名义收入的条件下，价格的变化可以被认为是纯粹的货币性的。

一方面，为了从理论转向实证，我已考虑的证据显示，在足够长的时期中，对于名义收入或者价格来说，这种分离的情况即使能被趋近也并不常见。另一方面，我相信对于年际的、多种不同条件下的名义收入的类似变化，以及相当窄范围条件下的价格的变化，它都常常能够被趋近。

例如，对于美国来说，在1870—1963年的94年里，名义货币（定义为银行之外的通货加上所有调整后的商业银行存款）数量的年际变化百分比与名义收入（定义为净国民产出）的年际变化百分比的相关系数是0.7，并且其相关性似乎没有显现出显著的变化。① 尽管统计上显著，但价格的相关性显然

---

① 例如，对上述相关性做简单回归，我们得出了1962—1966年（仅1963年起的数据被用于计算该回归）的以下结果：

名义收入的变化率（年度百分比，连续复利）

年份	回归所得	实际值
1962	5.9	6.9
1963	6.6	5.2
1964	6.4	7.1
1965	7.5	7.8
1966	6.5	8.7

更低——批发价格为 0.54，名义收入隐含价格平减指数为 0.58。[1] 我在拥有不同经济结构和金融制度的许多其他国家观察到了类似的名义收入的相关性。这些结果几乎总是非常相似。

在这一意义上，所观察到的最接近分离的状况是显著的或者恶性的通货膨胀。在这些情况下，价格的变化率成了实际货币余额需求函数中最重要的单一变量，但是价格变化率自身可以由货币量的历史值来"解释"，因此名义收入和名义价格的变化可以被预测。与货币量的变化相比，实际收入的变化可能较小。[2]

为了避免误解，我要强调基于刚才所述的近似取值进行改进的可取之处。进一步的研究进展已经纳入了基于此的改进，并将继续包含这方面的改进。其中一些改进已经并将发展更加精致和准确的方法来纳入对货币数量本身变化的影响。其他方法已经并将更加精确地估计资本的实际收益率、利率

---

[1] 与前一个脚注一样，对比不同价格情形：

年份	批发价格		隐含价格指数	
	计算所得	实际值	计算所得	实际值
1962	1.6	0.3	1.6	1.1
1963	2.1	−0.3	1.9	1.3
1964	1.9	0.2	1.8	1.7
1965	2.7	2.0	2.3	1.8
1966	2.0	3.2	1.8	3.0

[2] 有关这一点的已成为经典的研究是 Cagan, The Monetary Dynamics of Hyperinflation in Studies in the Quantity Theory of Money 25, Friedman ed. 1956；从那时开始，其他如约翰·迪弗（John Deaver）关于智利的研究，阿道夫·C. 迪斯（Adolfo C. Diz）关于阿根廷的研究，艾伦·海因斯（Allen Hynes）关于一系列拉丁美洲国家的研究，以及莫里斯·阿莱（Maurice Allais）关于大量国家的研究都印证并扩展了卡甘的结果。

结构等变量的影响，并且建立了更为复杂的模型来直接纳入货币与实际量值之间的相互关系。

（b）货币数量是否会影响实际量值？对"分离"的第二种解释与关于货币"中性"的广泛理论讨论有关，这是后凯恩斯主义发展的一个重要特点。[①] 然而，这个讨论的细节不需要我们去关注，因为这里唯一的问题是在货币需求中包括或不包括利率对将货币视为"中性"的可能性的影响。

考虑一下 J. R. 希克斯（J. R. Hicks）首次引入的 *IS-LM* 分析[②]，它已成为教科书中的标准。进而考虑弹性价格、充分就业的情形。[③] 在这些情形下，利率和实际人均收入完全由实体部门决定；这些反过来决定了所需货币的实际数量，并与确定价格水平的名义数量相互作用；换句话说，利率和实际人均收入决定了货币流通速度；给定货币流通速度和实际收入，货币数量的变化，按约翰逊的话来说，可以用来"在短期内影响货币收入以及在长期内影响价格而不受实际因素的干扰"。货币数量的变化不必影响利率，因此被反映到实体部门。如果价格反应足够迅速，那么实际货币存量就不会发生变化，这是预期的受利率影响的量。

更加抽象地说，我们所讨论的货币与实际变量的分离要求存在一种组成理论模型的方程的表达方式，其包含一个方

---

① 约翰逊的"货币理论与政策"一文对此做出了一个很好的概括（Johnson, Monetary Theory and Policy, 52 *American Economic Review*, 334，343 - 357, 1962）。

② Hicks, Mr. Keynes and the "Classics"; A Suggested Interpretation, 5 *Econometrica* 147 (1937).

③ Baily, National Income and the Price Level 11 - 42 (1962) 给出了尤其清晰的阐释。

程的子集从而足以决定实际量值，这些量值中不包含作为单独变量的名义货币数量或者价格水平。① 在这一情形下，同时决定了实际变量和名义变量的方程组可以二分：一组决定实际收入和利率的方程，一组结合前一组方程的实际变量解共同决定名义收入和价格水平的方程，并且**无论第二组方程中的货币需求函数是否有利率作为其变量**，这都成立。"实际"变量或许会影响与既定货币存量相一致的名义收入和价格，但是货币存量的水平不会影响实际变量，而只会影响名义收入和价格。贝利（Bailey）的充分就业模型之一就正是这一类型的方程组。②

黑体部分的表述与我编号为［1］和［4］的评论完全矛盾。它与评论［5］的关系需要多一点解析。该评论的第一句似乎是指上文（a）部分讨论的分离的观念。至于第二句，我认为布里尔借由"消费倾向"、储蓄以及投资倾向表述其观点。在此情形下，与他的观点相反，"支出倾向的波动"将影响均衡利率，无论利率是否进入货币需求函数。这些正是上一段落里所述的影响利率的实际因素。③

至于收入，布里尔的评论对 *IS-LM* 分析的通常版本是正

---

① 此处之所以加入"单独"一词，是因为这对于被纳入的 $\frac{M}{P}$ 或实际货币数量，或被作为其他名义量值的平减指数 M 和 P 来说完全没影响。换句话说，这一要求实际上是一个方程子集的简化形式，这一子集将实际的内生量值表达成其他变量关于 M 和 P 的零次齐次函数。

② Ibid.，35-36.

③ 也许布里尔想到了前面脚注中提到的严格的凯恩斯主义的例子，其中利率被假设为不会影响投资或储蓄。在这种情况下，如果利率没有进入货币需求函数，"倾向的波动"不会影响利率。但是在这种情况下，利率显然没有进入函数，因此整个问题也就不存在了。在上述文字讨论中，我转而排除了这个严格的凯恩斯主义例子。

确的。在更复杂的层面上，"支出倾向的波动"可以影响给定货币存量的实际收入，无论利率是否进入货币需求函数，尽管如此，如果货币需求是单位弹性的，对于实际收入具有弹性，零利率弹性意味着倾向的波动不会影响名义收益。①

　　为了避免误解，让我强调，我所主张的是，构建货币变动不会影响实体部门的理论模型的可能性绝不取决于货币需

---

　　① （1）完全就业、弹性价格的 *IS-LM* 分析。在这一版本的分析中，实际收入完全由生产部门决定，包括劳动力供给，并且是一个给定的数量，该数量不受货币方面变化的影响，无论利率是否进入货币需求函数。然而，这个版本隐含地假设只有一种商品，消费和资本形成仅仅代表了同一种商品的不同用途。虽然这类单一商品的模型对于许多目的而言非常有用，但它们对于目前的目的，即追踪消费与资本形成之间转变的影响，是极具误导性的。如果这些是不同的商品，倾向的转变意味着收入构成的变化。除非生产中两种商品之间的替代率与相对产出无关（在这种情况下，它们是完全的生产替代品，因此可以被视为单一商品），在确定实际产出是否已经上升或下降时，存在指数基数问题。显然，它受到了有意义的影响——在这一点上，我感激阿克塞尔·莱荣霍夫德（Axel Leijonhufvud）。另外，当然，积累率的变化将在未来的每个意义上改变实际收入。

　　（2）存在失业、价格缺乏弹性的 *IS-LM* 分析。这显然是布里尔评论的更重要的例子。在通常的教科书分析中，*LM* 曲线显示利率和与给定的实际货币需求函数及给定的名义货币量（或供应计划，如果利率或实际收入被假定会影响货币的名义数量）相一致的实际收入的组合。如果利率和收入进入需求函数，则 *LM* 曲线具有正的斜率。由于"消费倾向的波动"而产生的负斜率的 *IS* 曲线的向上移动意味着更高的利率和更高的实际收入；向下移动则意味着更低的利率和更低的实际收入；给定价格的完全刚性，名义收入将与实际收入以同样的百分比在同一方向上移动。如果利率不进入需求函数，并且如布里尔所假设的那样，名义货币量是固定的，那么 *LM* 曲线将是垂直的，因此 *IS* 函数的上下移动只影响利率而不是实际收入或者在刚性价格的情况下影响货币收入。这大概是布里尔的评论所依据的分析，并且在这些假设下，他的评论对收入完全成立，但对利率则不成立。

　　然而，在更复杂的层面上，有三种渠道可以使消费倾向的改变影响实际收入，以失业为开始。（a）上述（1）中所述的产出构成变化的影响。（b）价格缺乏弹性并不意味着完全的刚性，而是调整缓慢。之前的失业情况可能意味着价格相对于其预期行为趋于下降。支出倾向的变化可能会通过增加或减少通货紧缩压力来影响跌幅，这反过来会影响实际收入。（c）价格缺乏弹性意味着一些动态调整机制正在起作用，这允许实际和期望或临时和完全均衡的水平会因价格而有所不同。但是，货币市场也必须如此，因此支出倾向的变化会产生（或改变）实际期望和期望余额之间的背离，需要引入本章前述脚注中如式（2′）那样的调整方程。

求的利率弹性是否为零。我并不是断言这种模型是最有用的，甚至是解释现实的有用模式。相反，正如我认为应该在我在货币领域的所有工作中那样充分清楚表明的，我本人确信，引入实体部门和货币部门之间的相互作用远比在有关长期增长和短期周期性波动的分析中省略它们要有用得多。对于增长模型，我相信应该根据价格变化率以及资本的实际收益率来确定合意的资本存量或财富以及货币与其他财富之间的分布；并且，合意的财富变化率应该被设定为取决于实际和合意的财富存量之间的差异（这意味着所谓的庇古效应将起作用）。对于周期性波动，期望货币与实际货币存量之间（或预期货币增长率与实际货币增长率之间）的差异应被视为影响实际产出与价格的变化率。事实上，我认为它们可能是引起周期性波动的关键因素。

三、凯恩斯和货币需求的利息弹性

约翰逊所声称的"将利率引入货币需求函数意味着接受凯恩斯革命以及凯恩斯对货币数量理论的批评"，在我看来，似乎是对思想史的误导性解释。凯恩斯对流动性偏好以及利率如何影响货币需求数量的分析当然是对货币理论的基础性贡献，并且它激发了重要而有价值的研究。但他分析的这一部分依循的是较老的传统。事实上，他的《论货币改革》（*Tract on Monetary Reform*）中严格的货币数量理论方法预示着这一点。[①] 当然，欧文·费雪和其他古典主义作家都意识到了利

---

① Keynes, *Track on Monetary Reform*，1924，81-95.

率对流通速度的影响。① 在我自己的理论文章《货币数量理论重述》中，我强调了利率在货币需求函数中的作用，同时并没有以任何方式接受凯恩斯革命或凯恩斯对数量论的攻击。②

我认为，凯恩斯主义在这一领域特有的创新之处是，关于绝对的流动性偏好，即流动性陷阱或对货币的无限弹性需求，可能与深度的经济萧条存在着实证上的相关性的想法。如前所述，这一实证性论断确实具有深远的理论含义。但是，只是简单地在货币需求函数中引入利率则并非如此。

四、政策影响

（a）财政政策——正如布里尔在我编号为［6］的评论中所主张的那样，零利息弹性是否会阻止财政政策影响"商品和服务总额（名义）支出水平，除了对货币存量的影响之外"，取决于上面在讨论他的评论［5］时所引出的同样的考虑。

财政政策可能会改变利率，并通过它们来改变实际收入的构成和水平，而这些反过来也可能影响流通速度和名义总支出。不管它们是否影响总的名义支出，它们都会影响价格。

（b）布里尔在我编号为［7］的评论中提到的金融约束的程度不以任何简单的方式在名义货币存量的变化中反映出来，

---

① 例如，庇古在 1917 年写道，"其他条件不变，当资源的生产用途更没有吸引力而与之相对的资源的货币用途更具有吸引力时，k 变量（个人选择以法定货币持有的财富的比例）将更大。资源的生产用途的吸引力的主要决定因素在于生产活动的期望成果的大小"，即资本的实际收益。参见 Pigou, The Value of Money, 32, Q. J. Econ. 38，42 - 46（1917）；Readings in Monetary Theory 162，166 - 168（1950）重印。

② *Studies in the Quantity Theory of Money*（Friedman ed. 1956）.

无论利率是否影响货币需求。举例来说，在货币数量以每年
50％的速度增长的时期之后，每年10％的货币增长率所体现
的金融约束的程度相比在货币的年增长率为零的时期之后的
情形有很大不同。前者可能会产生金融恐慌；后者是美联储
术语中的"疲软"的货币市场。

（a）和（b）两点给出了我认为当前货币理论和政策讨论
中最严重和普遍存在的缺陷——忽视价格水平及其决定的倾
向。这是凯恩斯的遗产，也毫无疑问无意间成为最有影响力
的误解。

（c）相机抉择还是规则——正如约翰逊在我编号为［3］
的评论中所说的，存在一系列利率影响货币需求的条件，使
得稳步增长的货币数量规则自动地导致不稳定。① 首先，总产
出以稳定的速度增长而没有波动；其次，实际波动的形式是
经由利率变化调节的储蓄及投资与充分就业下收入水平之比
的变化；最后，流通速度是一个仅关于利率的函数。在这种
情况下，利率的上升会提高速度。由于收入以稳定的速度增
长，实际货币存量的增长速度将不得不下降，以使实际余额
等同于预期余额。由于名义货币数量稳步增长，因此，实际
余额增长率的下降反过来又要求价格上涨速度加快。反之，
每当利率下降时，价格上涨的速度就会放缓。因此，利率波
动会导致价格变化率的波动。只有货币增长率的变化足以抵
消合意的流通速度的变化，从而才能抵消这些影响。

这些条件非常特殊。此外，它们在一些关键方面与我在

---

① 哈里·约翰逊向我提出了他所想到的这些条件，我在此对他表示感谢。

推荐使货币数量以不变比率增长的规则时所假定的不同。

(i) 虽然我强调货币变化的重要性，但我一直强调"存在影响商业过程或解释了商业波动的准节律性特征的其他因素"①。暂且保留流通速度与也许除了利率之外的所有变量无关的假设，但假设"实际因素"不仅会导致投资与产出的比率的波动（或波动趋势），还会影响产出本身的波动（或波动趋势），涉及利率和产出沿着同一方向移动的倾向（这大致与实际经验相符）。在这种情况下，如果流通速度也独立于利率（也就是说，如果流通速度是一个常数），固定不变的货币增长率就意味着名义收入会以恒定的速度上升，这反过来就意味着价格在产出上升时会相对于其趋势下降，在产出下降时会相对于其趋势上升——大多数人认为这种运动具有自我稳定的特性。现在，设货币流通速度对利率敏感。流通速度的变化将会倾向于导致名义收入与产出相同方向的变化。这些变化的幅度以及因此价格变动的方向取决于利率变动的幅度和流通速度的利率弹性。价格仍然可能与产出的变动方向相反，尽管变化幅度比零利率弹性时更低，或者它们也可能是稳定不变的，或者它们可能朝着同一个方向变化。只有在最后一种情况下，当价格和产出向同一方向移动时，在任何意义上论及"自动不稳定性"在我看来才是有意义的。在其他

① 引自 Friedman and Schwartz, Money and Business Cycles, 45 Rev. Econ. & Stat. Supplement (February) 55 (1966)。另见 Friedman, The Supply of Money and Changes in Prices and Output, in Joint Economic Committee, 85th Cong., 2d Sess., The Relationship of Prices to Economic Stability and Growth (Compendium of papers submitted by panelists appearing before the Joint Economic Committee) 251 (Comm. Print 1958); Friedman, A Program for Monetary Stability 98 – 99 (1959)。

情况下，最多可以说的是，流通速度的变化在一定程度上抵消了货币增长率稳定的自动稳定效应。

（ii）在实践中，流通速度确实倾向于与产出变化方向一致，这部分反映了利率变化，部分反映了其他因素。此外，价格和产量趋于一起移动。然而，在实践中，货币数量也表现出顺周期性，因而加强了流通速度的变动。因此，无论这个规则相对于某种乌托邦式的规范而言是不是"不稳定的"，我总觉得相对于实际的相机抉择政策，这种规则应该会具有稳定性。

（iii）最后，对我来说，关于这一规则的主要主张似乎更多的是它可以避免货币政策中不时导致灾难性影响的重大失误，而远不是它可以缓和那些较小的周期性波动。这个考虑与货币需求的利率弹性无关。

五、结论

我们尽可能准确地确定货币需求函数的特征，包括货币需求的利率弹性，这一点很重要。但在我看来，无论是货币理论还是货币政策的"根本问题"，都不在于估计的弹性在大多数情况下是可以近似为零，还是可以近似为－0.1、－0.5或－2.0，给定它很少能够被估计为－∞。

对于货币理论和货币政策的一个重要考虑是货币需求是否可以被看作一个由少数变量决定的能在合理程度上保持稳定的函数，以及这个函数是否可以用合理的准确度在实证上被识别。该函数的一个重要参数是利率还是多个利率的集合，就不那么重要了。

　　我认为，货币需求的利率弹性被赋予的重要性反映了将需求或供给函数的运动与这种函数本身的位移相混淆的错误以及将实际量与名义量相混淆的错误的各种复杂的情形。如果利率弹性不为零，那么沿着函数的运动就会很容易被解释为函数不稳定的标志。[①] 将价格看作是在货币体系之外决定的或者似乎是固定不变的倾向可能对考虑某些问题有启发性，但往往会导致对那些可能影响实际量而非名义量的因素的忽视。

---

　　① 尽管在实际中，这一类型的混淆的一个更为重要的来源是没能纳入前导量和滞后量。

来自通货膨胀的政府收益[*]

米尔顿·弗里德曼

现在人们普遍将由法定货币发行带来的通货膨胀视为对现金余额的征税。最简单的情况是，政府是唯一的货币发行人，而且所有货币都为无息的。[①] 在这种情况下，当现金持有者完全按照通货膨胀进行调整后，均衡状态下税收的实际收益率通常等于价格上涨速度乘以实际货币存量，这一乘积反过来又被认为等于新发行货币的实际值（Friedman，1953；Bailey，1956；Cagan，1956；Johnson，1967）。价格上涨的速度即为货币税的税率，而实际货币存量即是其税基。将其

---

[*] 本文的主要思想来自韩国银行（Bank of Korea）所组织的有关韩国适宜货币政策的讨论。我感谢韩国银行行长 Jin Soo Suh 和该行其他职员的热情款待，这次访问虽然短暂，但却很有成效。我也感谢芝加哥大学货币与银行研讨会的成员对本文早期版本提出的建设性评论。

[①] 这不对一般性造成本质上的损失。如果在创造存款方面存在竞争并且不存在支付存款利息的限制，那么涉及存款的更复杂的案例可以用"高能货币"替代我们模型中的法定货币。如果存在对存款的利息支付的切实有效的限制，则比高能货币更宽泛的总额可以用于取代我们模型中的法定货币。在后一种情况下，高能货币的发行人与更宽泛的总额的其他组成部分的发行人（或优先借款人）之间共享税收收益。

与商品消费税进行严格的类比，两者的乘积就是该项税收的
收益。作为一种消费税，该收益在税率（即通货膨胀率）满
足实际货币余额需求对通货膨胀率的弹性等于 1 时达到最大
值。对于更高的税率，税收的下降幅度比税率的上升幅度更
大，因此二者的乘积就会下降。

这种分析对于拥有固定实际收入的处于稳定状态的经济
来说是完全正确的，但对于增长中的经济而言则具有严重的
误导性。对于这样一个经济体，货币发行人从两个来源获得
收益：对于现有现金余额的税收；以及随着收入的增加而出
现的额外实际现金余额。与在稳态经济中一样，税收部分的
收益在价格上涨为单位弹性的时达到最大化。然而，随着价
格上涨速度的提高，第二部分收益率单调下降。因此，对于
增长中的经济而言，最大化收益的价格上涨率要低于并可能
显著低于单位弹性。[①]

产生最大收益的通货膨胀率问题对于致力于开展发展项
目的欠发达国家而言尤为重要。对于这些国家而言，人们经
常认为通货膨胀是可取的或不可避免的。这个说法包含多个
方面。与此相关的是，通货膨胀是一种税收形式，税收收益
可用于投资。蒙代尔（Mundell，1965）和马蒂（Marty，
1967）已经证明，如果没有其他增长来源，沿着这条路线的

[①] 这一观点在蒙代尔（Mundell，1965）中被隐含地提及，但他并没有认识到
其重要性，因为当中所考虑的增长是在货币发行过程中由政府提供资金的投资带来
的。蒙代尔假设所有其他增长的来源都为零。相比蒙代尔的隐含提及，马蒂（Mar-
ty，1967）则直接考虑了前述问题，甚至给出了关于政府收益的正确公式，但同样
地，他也没有能够认识到考虑增长的情况的重要性，因为他跟蒙代尔一样只考虑了通
过货币发行提供资金的增长。蒙代尔和马蒂两人都得出结论认为这样的增长至多是微
不足道的。

可能性是非常有限的。但是，当存在其他来源的增长时，他们的主张在一定意义上过于偏好通货膨胀，而在另一意义上又过于保守。过于偏好是因为收入最大化的通货膨胀率远低于他们所间接假设的。过于保守是因为增长增加了可以通过发行货币带来的收入。

　　当然，货币发行的收益潜力只是与使用这种模式来增加收入或使用由此获得的收入来实现投融资相关的一个因素。本文专注于探讨通货膨胀收益的技术问题，而非更宽泛层面上的问题。①

正式解析

　　我们令

$M=$名义货币数量，

$P=$价格水平，

$N=$人口数量，

$m=\dfrac{M}{PN}=$人均实际货币数量，

$Y=$名义收入，

$y=\dfrac{Y}{PN}=$实际人均收入。

　　令带下标的 g 为下标变量的对数时间导数，因此 $g_m=$ d$(\log m)/$d$t=(1/m)($d$m/$d$t)=$人均实际货币量增长的百分比。

　　因为我们对货币发行所产生的通货膨胀经充分调整后的

---

　　① 我个人的观点是通货膨胀既非合意也不必要，最有效的经济发展道路是通过自由企业和私人投资，政府可以把自己限制在基本的政府职能中，保持各种低税率，不干预经济，从而提供一个稳定的货币框架。

均衡状况感兴趣，我们就把 g_P 同时看作实际和预期的价格的变动比率。

人均实际货币余额的需求由以下式子给出：

$$m^D = f(y, g_P) \tag{1}$$

尽管因为不同的通货膨胀率也会通过改变利率以及随之变化的货币需求量来影响总收益，实际利率受通货膨胀率的影响应予以考虑，但为简单起见，这里将利率忽略。另外，上述影响看上去显然比我们所要考虑的其他因素要小。本着同样的精神，我们也忽略了通货膨胀率对实际收入水平或增长率的任何影响。[①]式（1）还假设货币需求对价格和人口是一阶齐次的，因此对名义货币的总需求是：

$$M^D = NP \cdot f(y, g_P) \tag{2}$$

对该式两边取对数，对时间求导，并假设均衡状态，所以 $M^D = M^S$（货币供应）$= M$。因此得到

$$g_M = g_N + g_P + \eta_{my} g_y \tag{3}$$

其中，$\eta_{my} =$ 实际人均货币余额对实际人均收入的弹性。在得到式（3）时，g_P 的时间导数被视为零，这意味着式（3）仅适用于特定的稳态时的通货膨胀水平。实际上发行货币的收益被称为 R（收入）：

$$R = \frac{1}{P} \frac{dM}{dt} = \frac{M}{P} \cdot g_M = \frac{M}{P}(g_N + g_P + \eta_{my} g_y)$$
$$= N \cdot f(y, g_P)(g_N + g_P + \eta_{my} g_y) \tag{4}$$

考虑到静态情况下 $g_N = g_y = 0$，式（4）可简化为

$$R(g_N = g_y = 0) = \frac{M}{P} \cdot g_P \tag{5}$$

---

① 也就是说，我们忽略蒙代尔和马蒂所唯一考虑的影响。

根据惯常的做法，以 g_P 为税率，以 M/P 为基数。

为了确定收益最大化的 g_P 的值，用式（4）给出的 K 对 g_P 求导，并设其等于零：

$$
\begin{aligned}
\frac{\mathrm{d}R}{\mathrm{d}g_P} &= N \cdot f(y, g_P) \cdot \left(1 + g_y \frac{\mathrm{d}\eta_{my}}{\mathrm{d}g_P}\right) \\
&\quad + N(g_N + g_P + \eta_{my}g_y) \frac{\mathrm{d}f(y, g_P)}{\mathrm{d}g_P} \\
&= \frac{M}{P}\left(1 + g_y \frac{\mathrm{d}\eta_{my}}{\mathrm{d}g_P}\right) + \frac{M}{P} \cdot \frac{1}{f(y, g_P)} \\
&\quad \cdot (g_N + g_P + \eta_{my}g_y) \frac{\mathrm{d}f(y, g_P)}{\mathrm{d}g_P} \\
&= \frac{M}{P}\left[1 + g_y \frac{\mathrm{d}\eta_{my}}{\mathrm{d}g_P} + (g_N + g_P + \eta_{my}g_y) \frac{\mathrm{d}\log m^D}{\mathrm{d}g_P}\right] \\
&= 0
\end{aligned}
\tag{6}
$$

产生最大收益的通货膨胀率就是满足下式的 g_P 的值，

$$
(g_N + g_P + \eta_{my}g_y) \frac{\mathrm{d}\log m^D}{\mathrm{d}g_P} + g_y \frac{\mathrm{d}\eta_{my}}{\mathrm{d}g_P} = -1
\tag{7}
$$

对于稳态经济来说，$g_N = g_y = 0$，上式简化为

$$
g_P \cdot \frac{\mathrm{d}\log m^D}{\mathrm{d}g_P} = \eta_{mg_P} = -1
\tag{8}
$$

对于一个不断增长的经济而言，g_N 和 g_y 都是正的。显然，满足式（8）的 g_P 的值通常不能满足式（7）。首先，假设收入弹性不受通货膨胀率的影响，因此式（7）左侧部分的最后一项是零。然后，取满足式（8）的 g_P 值，左侧的第一项将小于 -1，即其为负值且绝对值大于 1。因此，为了使收益最大化，需要较低的 g_P 值（这会降低式左侧的绝对值）。现在，令左侧第二项不等于零。如果该项为负数——也就是相对于通货膨胀率较低的情况，在通货膨胀率较高时货币需

求的收入弹性更低——则该项将使整个左侧的绝对值更大，我们将需要一个更小的 g_P 的值。满足式（8）的 g_P 的值能同时满足式（7）的唯一情况是在高通货膨胀率时货币的收入弹性高于低通货膨胀率时货币的收入弹性。在这一情况下，正的第二项可能会抵消超过第一项绝对值的和。

因为式（7）对 g_P 显然成立，所以无法直接求解。同样，我们也不能直接求得最大化收益率的货币增长率。我们可以通过式（7）解出 $g_N + g_P + \eta_{my} g_y$ 的值，并将这一结果代入式（3）。我们得到

$$g_M（对于 R 的最大值）= \frac{-1 - g_y \dfrac{\mathrm{d}\eta_{my}}{\mathrm{d}g_P}}{\dfrac{\mathrm{d}\log M^D}{\mathrm{d}g_P}} \tag{9}$$

然而，一般情况下，对右侧求导的结果是 g_P 的函数，必须用满足式（7）的 g_P 值来求解。因此这一表达式的用处不大。

一个特例

为了让探讨更加深入，我们来考虑一个特殊情况，即货币的需求函数[①]是

$$m^D = l(y)e^{-bg_P} \tag{10}$$

在这个特殊情况下

$$\frac{\mathrm{d}\log m^D}{\mathrm{d}g_P} = -b, \frac{\mathrm{d}\eta_{my}}{\mathrm{d}g_P} = 0 \tag{11}$$

所以由式（7）可以解出 g_P：

———————————

① 这是卡甘（Cagan，1956）用来考虑 g_P 效应的函数形式。他把实际收入视为不变，所以不考虑收入的影响。

$$g_P = \frac{1}{b} - g_N - \eta_{my}g_y \tag{12}$$

式（9）变为：

$$g_M(\text{对于 } R \text{ 的最大值}) = \frac{1}{b} \tag{13}$$

这一最终的结果值得特别注意。对于这一特例，货币增长率完全由特定人均实际收入下实际货币余额需求函数的半对数直线的斜率确定。它完全不取决于实际收入增长率或货币需求的收入弹性。然而，这些因素决定了与收益最大化的货币增长率相联系的通货膨胀水平。人口增长率和实际人均收入增长率越高，需求收入弹性越高，通货膨胀率越低。

虽然在这个特殊情况下，收益最大化的货币增长率与其他因素无关，但是从货币增长中获得的收入却并非如此。收益等于货币增长率乘以实际货币存量的比率，或者收益作为收入的百分比等于货币增长率除以收入增速。通货膨胀率越高，货币流通速度越快，收益越低。因此，任何降低与收益最大化的货币增长率相联系的通货膨胀水平的因素，都会增加收益。

演示推算

这些因素的重要性可以通过推算给定合理参数的式（12）来呈现。

b 的取值 m^D 关于价格预期变化率的导数原则上应该大致等于 m^D 关于"特定"名义利率的导数：这里根据所设定的均衡条件，这一利率需等于预期通货膨胀率加上实际利率。相应地，我们可以利用对通货膨胀率变化或不同利率对货币数量需求的影响的研究证据。

在其他地方，我曾经用 $b=10$ 这一估计值作为"偏高点"（Friedman，1969，第 42 页）。[①] 这项估计主要基于计算得到的利率的斜率，是卡甘对他所研究的恶性通货膨胀的平均估计值的 20 倍以上（Cagan，1956，第 45 页）。不过，贝利曾指出，在低通货膨胀率下该斜率的取值几乎肯定要高于在恶性通货膨胀期间的通常取值（Bailey，1956，第 98-99 页）。最近，克莱因（Klein）已经表明，通常为计算利率而给定的斜率由于没有考虑为活期存款直接或间接支付的利息而存在向下偏差（Klein，1970，第 3 章）。

当考虑活期存款利息和回归偏差后（Klein，1970，表 10），克莱因得到的 b 的估计值的范围为 $7\sim78$。一系列研究（Meiselman，1970）得出了相对于取值范围在 0 和 3 之间的预期价格变化率的斜率的估计值，其中大部分取值在 1 到 3 的区间内。这些估计值来自智利（Deaver，1970）、阿根廷（Diz，1970）、韩国和巴西（Campbell，1970）的时间序列研究以及来自 47 个国家的截面数据研究（Perlman，1970）。然而，这些估计可能低估了我们正在寻求的数值，这有两个原因：首先，它们是在通货膨胀率变化很大的时期计算的，因此可能无法反映以给定速度维持通货膨胀的全部反应。其次，它们都受到向下的回归偏差的影响。

因此，让我们应用三个不同的 b 的取值：2、10 和 20。这意味着收益最大化的货币增长率分别是每年 50%、每年 10%、

---

① 注意，b 具有时间维度，所以它的值取决于增长率的时间单位。在整个讨论过程中，我将其视为年度参数。

每年 5％。如果不存在经济增长，这些也将是经济中的通货膨胀率。

收入弹性　有证据表明，处于经济快速发展阶段的国家的收入弹性较高，并且对于金融结构高度发达的较发达国家而言，它们趋于 1。美国从 1870 年到 1914 年的收入弹性为 2 左右，而最近日本和韩国也常见类似的数值。与 b 的取值相关的研究通常给出的收入弹性值在 1 和 2 之间。因此，我们使用 1 和 2 作为收入弹性的可选取值。

人口增长　从 0 到 2％的范围覆盖了大部分人口增速的可预期的可选取值。

实际人均收入增长　关于此的经验结论有较大差异，从增长率可以小到忽略不计的像印度这样的经济体，到长期每年增长率为 2％的美国，再到在超过十年甚至更长的时间里，每年增长 10％的如中国香港、中国台湾、日本和韩国等经济体。我们以 0、5 和 10 这三个数值来说明效应的大小。

表 1 给出了与这些假设的参数值相对应的收益最大化的通货膨胀率。从这个表格我们得出的一个显著的结果是参数 b 的假设取值的重要性，尤其是在较低的取值上。原因很简单。b 的取值越低，货币需求越低，对通货膨胀越缺乏弹性。需求越缺乏弹性，提高税率对税基的侵蚀就越少，因此产生最高收益的税率也就越高。当 b 趋向于零时，税率也趋于无穷大。这里，我已经考虑了低至 2 的 b 值，正好可以体现这一点。我的印象是这远低于大多数发展中国家中常见的实际值。

表 1　不同假设情况下，收益最大化的通货膨胀水平

人口增长率和实际收入增长率（%/年）		给定 b（需求弹性）时的收益最大化的通货膨胀率（%/年）					
		2		10		20	
		收入弹性					
g_N	g_y	1	2	1	2	1	2
0	0	50	50	10	10	5	5
0	5	45	40	5	0	0	−5
0	10	40	30	0	−10	−5	−15
2	0	48	48	8	8	3	3
2	5	43	38	3	−2	−2	−7
2	10	38	28	−2	−12	−7	−17

第二个惊人的结果是，经济增长的加入会带来明显的影响。对于那些并非完全不可信的参数值，结果表明，相对于较大幅的通货膨胀水平，零通胀甚至是负的通货膨胀率可能会使发展中国家从其对货币发行的垄断中获得更多的收益。

与经验对比

在我们的分析中，上述结论并没有偏离实际经验。然而，该结论似乎与对发展中国家的行为的个别偶然观察直接背道而驰。我们该如何去解释在发展中国家观察到的倾向，即根据此处的分析，其通胀水平似乎要高于最大化政府收益的水平？

我认为，主要的解释是时间维度方面的不足，即行为的直接和长期效应之间的差异。前文的分析是基于长期的稳定状态而进行的。从任何稳定状态开始分析，且无论它是哪种稳定状态。货币扩张速度的提高将会一次性增加发行货币所带来的收益。价格不会立即对货币增加的情况做出反应；即使通货膨胀率做出反应，实际货币余额也不会立即根据新的

通货膨胀率做出调整。因此，在一段时间内，从这两个方面考虑，政府创造货币的收益都会更高。对现有的实际货币余额征税的部分将会更高，人们增加实际余额的额度也会更高。但这是暂时的。随着人们的自我调整，他们会减少其实际余额。税收收益可能仍然较高，但这会被此后实际余额调整（速度将比以前快速上升或下降）所带来的较低的收益甚或是负收益所抵销。经过一定时间人们逐渐适应新的通货膨胀率，最终的结果肯定是相比起始快速货币扩张后立即获得的短期收益更小的收益。

从某种意义上说，这一情形是一个不稳定的政治均衡。政府的目光不会超过下一次选举来临的时点多少。当选举结束时，货币扩张速度的提高肯定会为政府带来更多的收益。而这对收益产生的负面影响，更不用说对更根本的经济和社会事务所产生的影响，则会较晚才到来。

我相信，这从根本上解释了为什么政府如此频繁地放任通货膨胀高涨，而不是选择一个在相当长的一段时间内产生最高收入的通货膨胀水平。

最大收入和最佳货币增长

上述分析始终是围绕政府发行货币的收益而展开的。它没有考虑到通货膨胀造成的福利损失——货币持有者因为被诱导持有比其他情形下更少的现金所遭受的损失（Bailey，1956）。这种损失可以被理解为上缴政府收益的成本。

从这个角度来看，最优的货币增长速度是这样一个水平，它能使得价格下降速度大致等于"特定"的实际利率。（Friedman，1969，第1章）。根据式（3），这可以表示为

$$g_M（最优货币量）= g_N - \rho + \eta_{my}g_y \qquad (14)$$

其中，ρ 就是这个"特定"的实际利率。与式（13）的比较表明，这至少是对式（13）成立的一个特例，收益最大化和最优货币增长率是完全独立的：前者只取决于 b；后者则完全不取决于 b。在偶然情况下两者可能相同，更多时候其中一个数值可能大于另一个。然而，任何产生通货膨胀的收益最大化的货币增长率都会大于最优货币增长率。

式（14）的一个特殊情况可能值得探究。假设 $\rho = g_y$，这在经验和理论上都有一定的基础。在这种情况下，

$$g_M（最优货币量）= g_N + (\eta_{my} - 1)g_y \qquad (15)$$

价格下降的速度等于人均产出的上升速度，这意味着要素价格不变。另外，如果 $\eta_{my} = 1$，则所需的货币增长率等于人口增长率。或者，如果 $\eta_{my} = 2$，对于处于发展初期的国家来说更为合理，所需的货币增长率等于 $g_N + g_y$ 或者实际产出的增长率。这两者都已经成为基于各种不同理由而常被推荐遵循的货币规则了。

结 论

将政府对法定货币发行的垄断与私人对以零成本生产的产品如古诺的矿泉进行的私人垄断进行类比似乎是很自然而然的事，但是我们刚才已经证明这是不正确的。矿泉的主人通过收取需求价格弹性为 1 的价格来最大化他的收益。无论经济是静态的还是成长的，这都是成立的。如果经济保持增长，唯一的影响是他的收入也会增长，但是他每年都会通过在需求曲线上满足单位弹性的点来进行定价以最大化他的收益。

为什么这对于可以以零边际成本发行货币的政府来说是不正确的呢？为什么不能在无论是否有增长的情况下，通过在需求曲线上满足单位弹性的点进行定价来最大化其收益呢？

答案是因为有两种不同的价格与货币问题有关——一是为得到一美元而放弃的商品和服务；二是为保持其实际余额不变，货币持有人每年在每美元上必须支付的美分数。只有后者才类似于矿泉的价格。如果矿泉的定价为零，那么无论是否增长，矿泉的所有者都将无法获得收入。另外，如果持有货币的年度直接（非替代性）成本为零，也就是说，如果价格不变，那么当货币发行量增长时，货币发行人仍能获得收益，因为他可以利用多印出来的货币来获得商品和服务。

我所能构想的一个最贴切的非正式的比方是计算机或其他耐用设备的垄断生产商和服务商：他销售这些设备，但就为设备提供的服务收取年费。服务费用越高，那么在任何销售价格下，对该设备的需求就越低。如果垄断者收取低于最大化为固定数量的设备提供服务所带来的收益的费用，以此提高每年按特定价格出售的设备的数量，他将因此得到回报。①但是即使这样的比喻也不充分，因为垄断者有两个价格来变换花样：他设置的服务费的高低影响对新设备的需求，但他可以确定出售它们的价格。在考虑货币的例子中，通货膨胀率同时决定了新增设备的总销售价格和服务费。货币垄断者只有一个变量（货币增长率）。

---

① 一般来说，服务费等于边际成本对他来说是有益的，因为这将使设备的价值最大化，并从他的定价中获得所有的垄断收益。这个"一般"是必要的，因为此时使用双价格系统作为价格歧视的工具是可能的。

货币垄断者和矿泉垄断者之间的区别也许正是本文主要的理论兴趣点。而本文主要的实践重要性在于得出如下坚实的推断：货币垄断者不仅通过实际的偏向通货膨胀的政策对社会造成福利损失，而且造成垄断者的收益比原可在低通货膨胀下获得的收益要少。

参考文献

Bailey，Martin J. "The Welfare Cost of Inflationary Finance. " *J. P. E.* 64 (April 1956)：93 – 110.

Cagan，Phillip. "The Monetary Dynamics of Hyper-Inflation. " In *Studies in the Quantity Theory of Money*，edited by Milton Friedman. Chicago：Univ. Chicago Press，1956.

Campbell，Colin D. "The Velocity of Money and the Rate of Inflation：Recent Experiences in South Korea and Brazil. " In *Varieties of Monetary Experiences*，edited by David Meiselman. Chicago：Univ. Chicago Press，1970.

Deaver，John V. "The Chilean Inflation and the Demand for Money. " In *Varieties of Monetary Experiences*，edited by David Meiselman. Chicago：Univ. Chicago Press，1970.

Diz，Adolfo Cesar. "Money and Prices in Argentina，1953 – 62. " In *Varieties of Monetary Experiences*，edited by David Meiselman. Chicago：Univ. Chicago Press，1970.

Friedman，Milton. "Discussion of the Inflationary Gap. " In *Essays in Positive Economics*. Chicago：Univ. Chicago Press，1953.

____ . *The Optimum Quantity of Money and Other Essays*. Chicago：Aldine，1969.

Johnson, Harry G. "A Survey of Theories of Inflation. " In *Essays in Monetary Economics*. London: Allen & Unwin, 1967.

Klein, Benjamin. "The Payment of Interest on Commercial Bank Deposits and the Price of Money: A Study of the Demand for Money. " Ph. D. thesis, Univ. Chicago, 1970.

Marty, Alvin L. "Growth and the Welfare Cost of Inflationary Finance. " *J. P. E.* 75 (February 1967): 71 – 76.

Meiselman, David, ed. *Varieties of Monetary Experience*. Chicago: Univ. Chicago Press, 1970.

Mundell, Robert A. "Growth, Stability, and Inflationary Finance. " *J. P. E.* 73 (April 1965): 97 – 109.

Perlman, Morris. "International Differences in Liquid Assets Portfolios. " In *Varieties of Monetary Experiences*, edited by David Meiselman. Chicago: Univ. Chicago Press, 1970.

"1873 年罪行"*

米尔顿·弗里德曼

我相信它（1873 年罪行）会被作为最大的立法犯罪和有违美国和欧洲人民的福祉的最大阴谋写入历史，这会被这个或任何其他时代所见证。［参议员约翰·H. 里根（John H. Reagan），1890］

"白银禁止流通"是 19 世纪之罪。［威廉·M. 斯图尔特（William M. Stewart，1889）］

1873 年，我们达成了一项简单的对"白银禁止流通"

---

　　* 我很感激迈克尔·D. 博尔多（Michael D. Bordo）、康拉德·布朗（Conrad Braun）、菲利普·卡甘（Phillip Cagan）、乔·柯布（Joe Cobb）、哈罗德·霍夫（Harold Hough）、戴维·莱德勒（David Laidler）、霍夫·洛科夫（Hugh Rockoff）尤其是安娜·J. 施瓦茨（Anna J. Schwartz）等人对本文早期版本提出的富有建设性的评论。此外，戴维·D. 弗里德曼（David D. Friedman）提出了大量有益的建议，罗斯·D. 弗里德曼（Rose D. Friedman）对倒数第二稿进行了批判性评论，并帮助修改。最后，一位匿名审稿人也对本文提出了许多非常有用的修改建议。

的法律共识，而这是 1853 年法案的直接结果。[詹姆斯·劳伦斯·劳克林（James Laurence Laughlin），1886]

我们不该把带刺的王冠戴在劳动人民的头上，不该把人类钉在黄金的十字架上。[威廉·詹宁斯·布莱恩（William Jennings Bryan），1896]

1873 年的法案是一笔巨大的财富，它挽救了我们的金融信用，保卫了国家的荣誉。这是一项我们现在仍感激不尽的立法工作（詹姆斯·劳伦斯·劳克林，1886）

这些引文所提到的 1873 年《铸币法案》经过长时间却粗浅的委员会听证会和场内讨论后，在众议院以 110 票对 13 票、在参议院以 36 票对 14 票获得通过。当时，该项法案并没有引起太多人的注意，甚至是那些投票赞成的国会议员（包括斯图尔特参议员），他们后来却又以尖酸刻薄的词语攻击该法案："严重的错误"、"腐败的讨价还价"所招致的"阴谋"、比犯罪还糟糕的"失误"、一个"巨大的立法欺诈"，最后斥之为"1873 年罪行"（Barnett，1964，第 178 - 181 页）。[①]

看上去如此无害的立法措施，是如何在这么长的时期里引发重要学者、商人和政治家的强烈而鲜明的反应的呢？它

---

① 根据奥利里（O'Leary，1960，第 390 页）所述，第一个使用"罪行"这个词的人是 1876 年美国货币委员会秘书乔治·M. 韦斯顿（George M. Weston）……他是在他的特别报告中使用该词的，此报告附在 1877 年出版的委员会的完整报告中。巴内特（Barnett，1964，第 180 页）认为是科罗拉多州议员亨利·M. 泰勒（Henry M. Teller）在 1873 年 7 月 10 日首次使用"1873 年罪行"字眼的。

又是如何在其获得通过后的二十多年的历史里成为总统竞选活动中的核心议题的呢？从任何意义上来说，它算得上是一项罪行吗？它的实际后果是什么？要回答这些问题，需要一些货币史和货币理论方面的背景知识。

一、背景

美国宪法赋予国会"铸币、管理其价值和外币"的权力，并禁止各州铸造"除了金银币以外的任何东西作为偿还债务的支付媒介"。国会根据亚历山大·汉密尔顿（Alexander Hamilton）的建议，在最初行使这一权力时，通过了 1792 年 4 月 2 日的《铸币法案》。该法案将美国的基本货币单位定义为美元，并在十进制的基础上定义了辅币。它进一步将 1 美元硬币（dollar）定义为相当于 371.25 格令纯银，10 美元鹰金币（eagle）相当于 24.70 格令纯金，并授权银和金**二者**以 15:1 的比率**自由铸币**，并规定了铸造硬币时与纯金属结合的合金比例。①

我已将两个对理解"1873 年罪行"至关重要的术语标注了黑体。"自由铸币"之所以至关重要，是因为它为硬币本位制提供了实质性内容，规定政府铸币局将个人选择带来的硬币兑换成基于规定的金属等价标准的以"美元"为单位的法

① 1792 年的法令规定："对于被带来用于按照合法比率进行铸币的金条应在收到后尽快进行鉴定和铸造，并对提交铸币的人或其受托人免收费用"（Jastram，1981，第 63 页）。因此，铸币"自由"是双重意义上的：向所有人开放，数量不受限制，并且不收取费用。对铸币不收取任何费用的规定其实并不常见。在通常情况下，被称作"铸币税"的小笔费用被征取以覆盖铸造成本。然而，所谓的铸币税有时被操纵和用于除了偿还铸币成本以外的目的，例如被古代的"贵族"（领主）作为收入，或被富兰克林·罗斯福总统作为一种钉住白银定价的手段。

定流通货币（最初只是以硬币的形式，之后也以纸质证券的形式）。"二者"之所以同样关键，是因为它有效地建立了美国的金银复本位制标准，即一个允许自由铸造货币且可以用白银或黄金中的任何一种作为货币的货币标准。这两条规定相当于说政府会分别以每金衡盎司 1.2$\dot{9}$ 美元和每金衡盎司 19.3$\dot{9}$ 美元的价格收购向其提交的纯银和纯金……即一盎司黄金的价格是一盎司白银价格的 15 倍，由此得到"15∶1"的比率。[①]

虽然无论白银还是黄金都可以合法地用作货币，但实际上只有白银被沿用至 1834 年。原因很简单：不论此时还是过去，在美国铸币局外，都存在金银交易的市场，包括用于制作珠宝、工业用途、为外国铸币等等。1792 年，黄金的市场价格与白银的市场价格之比几乎恰好为 15∶1，这正是汉密尔顿推荐的比率。但此后不久，世界市场中二者的价格比率升至 15∶1 以上，并保持这样的水平（Jastram，1981，第 63 - 69 页）。因此，任何持有黄金并想把它兑换成货币的人，都可以以市场比率将其兑换为白银，然后将白银拿到铸币局去，而不是把黄金直接拿去铸币。

换句话说，如果铸币局是一个 15∶1 的双向通道，一个显而易见的致富方案是将 15 盎司的白银带到铸币局并得到 1 盎司黄金，再在市场上卖掉这 1 盎司黄金，这样收益将超过 15 盎司白银，从中赚取利润，并循环往复。显然，铸币局

---

① 无限小数（0.2$\dot{9}$ 和 0.3$\dot{9}$）的出现是因为 1 金衡盎司的金等于 480 格令。假设 1 美元被定义为相当于 371.25 格令纯银或 24.75 格令纯金，1 盎司白银的价值等于 480÷371.25=1.2$\dot{9}$（美元），1 盎司黄金等于 480÷24.75=19.3$\dot{9}$（美元）。

里很快就会堆满了白银而黄金则会短缺。这就是为什么铸币局在金银复本位制下的承诺纯粹是为了购入白银或黄金（即自由铸造），尽管它也可以自行决定出售（赎回）白银或黄金。最终的结果是，1792—1834 年，美国的银本位制行之有效。金币并非以其币面价值使用，而是有所溢价。相对于其作为流通货币的用途而言，它过于物超所值了。格雷欣法则（Gresham's law）完全起效：劣币驱逐了良币。[1]

1834 年，鉴于世界市场中金银价格比率的变化，新的铸币法案被引入，当时这一比率约为 15.625∶1。在 1832—1834 年，众议院硬币特别委员会一再推荐这一比率，据说是寄望于"为黄金尽点力"，而不久之前在弗吉尼亚州、北卡罗来纳州、南卡罗来纳州和佐治亚州就发现了黄金，并且这"对南部四州具有切实的重要性"（O'Leary，1937，第 83 页）。然而，相当突然地，众议院硬币特别委员会改变了原先的建议，改以 16∶1 确定比率，这不是为黄金**尽点力**——虽然它确实起到了这样的作用——而是以此来**反对**尼古拉斯·比德尔（Nicholas Biddle）的合众国银行。[2] 当时正是安德鲁·杰克逊（Andrew Jackson）和比德尔著名的"银行战争"的高潮，这最终导致该银行在 1836 年原联邦特许期限到期时未能获得新

---

[1] 正如 Rolnick 和 Weber（1986）所指出的，为了精确起见，这一"法则"必须加以具体陈述。

[2] 虽然被描述为"16∶1"，但这一比率是一个近似值。在 1834 年法案中，金元的重量被定为 23.2 格令纯金，这使得金银比率略高出 16∶1。这个法案在 1837 年被修订，使得重量等于 23.22 格令纯金，使得金银比率略低于 16∶1。当中的原因是为了使铸币中合金的百分比恰好等于 10%。美国早期的铸币法的一个很好来源是国家执行白银委员会（National Executive Silver Committee，1890）。另见美国黄金作用委员会（U.S. Commission on the Role of Gold，1982，第 1 卷，第 2 章）。

的特许权。正如奥利里（O'Leary）所说，16∶1 的比率是"杰克逊和他的支持者用来痛打他们仇敌的一根金棍"（第 84 页）。流通货币不能令人满意的状况——美国的银币和外国的银币混合在一起，加上州银行发行的纸币，其中一些质量令人怀疑——使该银行发行的纸币成为一种受欢迎的交易媒介。1834 年法案旨在使金币成为纸币的有效替代品，从而削弱了该银行的地位。

关于这段情节有两点值得注意。首先，1834 年，"16∶1"是一根金棍，而在 19 世纪 90 年代，"16∶1"则变成了一根银棍。其次，在这两种情况下，它都被同一个政治支持团体拿来反对另一个政治支持团体：主要是南部和西部农村从事小商业的下层阶级中 1834 年时安德鲁·杰克逊的支持者和 1896 年时威廉·詹宁斯·布莱恩的支持者，共同反对东部和东北部城市里上层阶级中银行家、金融家、大企业主的支持者。

不管怎样，采用 16∶1 的比率——官方价格为 20.671 835（＝480/23.22）美元/盎司纯金——标志着白银时代的终结。从那时到美国内战，几乎不再铸造银币。直到 1853 年，即使是作为辅币的银币也变得十分稀缺，当时美国国会投票决定减少银币辅币中银的含量，以至于它们不再值得被拿来熔化（至少在美国内战时绿背美钞通货膨胀之前）。从 1834 年起，金币正常流通，黄金是有效的本位币。尽管作为货币使用的黄金的需求在增加，但是在加利福尼亚州和澳大利亚于 19 世纪 40 年代和 50 年代发现黄金之后，黄金与白银的价格比率下降了，所以其"廉价货币"的地位似乎是安全的。

　　美国内战暂时结束了黄金的统治。对战争的财政支持的迫切需要导致了既不靠黄金或白银背书发行，也没有任何承诺可以用来以金属赎回的纸币——绿背美钞——的出现。纸实际上就成了廉价货币。然而，黄金依然可以流通，特别是在西海岸，但当然不是与绿背美钞一比一兑换。二者之间存在一个自由市场，"黄金的纸钞价格"高于官方的法定价格，事实上，在极端情况下能涨到官价的两倍以上。政府要求关税和其他一些付款以黄金支付；银行为它们的客户提供单独的黄金和绿背美钞存款。总之，黄金和绿背美钞是以市场决定的浮动的兑换比率流通的，尽管在大多数情况下和大部分地区，绿背美钞显然是主要的货币。

　　终于，我们来到了 1873 年。暗潮涌动，酝酿着终结绿背美钞时代，"恢复"硬币本位制。当时正是开始清理铸币立法的时候。由此产生的 1873 年《铸币法案》列出了要铸造的币种。清单中包括了金币和银辅币，但过去含 371.25 金衡格令纯银的标准银元被排除了。1874 年开展了进一步的立法清理工作。[1] 随后是 1875 年《恢复硬币支付法案》（Resumption Act of 1875）通过，并在 1879 年 1 月 1 日以黄金为基础的货币制度得以成功恢复。[2]

---

　　[1]　1873 年《铸币法案》包括规定铸造更重的贸易银元（trade dollar）用于与实行银本位制的墨西哥和远东地区的贸易。贸易银元具有法定货币地位。1874 年 6 月，国会通过了修订的法令。这个法令规定，任何银币均不得作为超过 5.00 美元数额交易的法定货币，并且禁止任何外国硬币作为交易币种（Barnett，1964，第 178 页）。根据纽金特（Nugent，1968，第 98、134 页），1868 年参议员约翰·谢尔曼（John Sherman）首先提出了该项铸币立法。尽管中间显然有一些后续变化，但实际上这个法案最初是在 1869 年起草的，并且于 1870 年 4 月被首次提交参议院。

　　[2]　关于绿背美钞期间和恢复的详细讨论，见弗里德曼和施瓦茨（1963，第 2 章）。

上述事件以 1879 年的硬币恢复立法为终点，恰好与 60 年前英国的一系列顺序发展形成对应：英国 1797 年以前实行金银复本位制，随后采用不可兑换的纸币本位制，1816 年白银被废止，1819 年黄金恢复（如果没有 1816 年立法，恢复的将是白银）。这种并行对应不是纯粹的巧合。最初迈出的那一步——终结可兑换性并采用纸币本位制——是两国对各自战争财政压力的反应。[①] 就像在美国一样，英国要回到硬币本位制的决定是出于拥有"稳健的货币"的愿望，以及金融界、政府债券持有者和一些经济学家对脱离硬币本位制所引起的通货膨胀的愤怒。尽管英国为此选择了黄金而不是白银，但这也是 60 年后美国做出同样选择的一个主要原因。[②]

如果美国在内战之前的铸币法案下恢复硬币支付，那么每当金银比率明显高于 16∶1 时（这种状况至 1875 年时发生），白银就会变成"廉价金属"，白银制造者已经发现把银子带到铸币局而不是把它卖到市场上是更有利的。同样，金币的所有者会发现将他们的金币熔化并在市场上出售，而不

---

① 尽管许多历史学家倾向于认为发生的事情似乎有其必然性，但并不是唯一可能的反应。法国面临的财政压力比英国还要大，但是"经过 20 年的战争，有时甚至是对抗半个欧洲的战争，拿破仑从来没有让一个不可兑换的纸币出现"（Walker，1896，第 87 页）。

② 最具影响力的恢复硬币本位制的支持者之一大卫·李嘉图（David Ricardo）最初支持白银，而不支持复本位制（［1816］1951，第 63 页）。在随后的 1819 年议会委员会的证词中，李嘉图转向了黄金，因为"我已了解对银矿来说机械特别合适，因此很可能有助于增加这种金属的数量并改变它的价值，而同样的原因不太可能改变黄金的价值"（1952，第 390 - 391 页，也可见第 427 页）——像许多基于技术"专家"观点的判断那样，这一观点被证明是非常离谱的。

是将金币用作名义面值的金币是有利的。[1]

实际上，无论是铸币局的钱币兑换，还是金币或银币的熔化，都不是没有成本的。在通常情况下，一小笔铸币税被征收用来弥补铸币局的开支，同时熔化也会产生类似的成本。此外，由于铸币所造成的拖延，利息会有所损失，并且买入卖出黄金或白银的交易也会涉及成本。因此，将法定比率视为一个精确的数字，从而只能有一种金属可以在一个时期内流通的说法是谬误。正如"黄金输送点"（gold points）允许两个金本位货币的汇率在一定范围内波动而不导致黄金在两国间输送，"金银比价点"允许其在一个范围内波动而不产生某一金属对另一金属的溢价或被另一金属替代。[2]

1873 年《铸币法案》没有提及任何标准银元，这标志着美国金银复本位制的终结。如果 1873 年法案未排除关于标准银元的决定性条款，1879 年的硬币恢复支付几乎肯定是基于白银，而不是黄金。因此，在白银支持者的眼里，这才有了"1873 年罪行"。

这些事件提出了两个问题：较不重要但更容易回答的是，

---

① 现在，因为二者已经被更便宜的纸币取代了，把金和银送到铸币局去都变得无利可图。然而，根据相关法令，它们依然有相应的官方价格（白银 1.292 9 美元，黄金 42.22 美元）。美国政府的黄金储备仍然以官方价格计价。然而，没有人会想到要把盖有"1 美元"的银币或盖有"20 美元"的金币以它们的名义面额当作货币使用。这些钱币的价值分别约为 8 美元和 475 美元。我要感谢康拉德·J. 布朗（Conrad J. Braun）对当前银币和金币市场价值的粗略估计。

② 这就是法国从 1803 年到 1873 年的情况，在该时期，尽管市场比率已经偏离了法国法定的 15.5：1，但是黄金和白银同时在流通。有时，白银趋于取代黄金；在其他时候，黄金趋于取代白银（Walker，1896，第 4 章和第 5 章，特别是第 121 页）。费雪（Fisher，1911，第 7 章）对复本位制的理论进行了严格的分析，并对法国的经验进行了详细的启发性讨论。

在任何有意义的意义上，"罪行"是否存在？更重要但更难以回答的是，如果纳入了这一关键条款，又会有怎样的结果？

二、"罪行"是否存在？

1877 年，"《国家》(*The Nation*) 杂志的一篇社论的部分内容是这样写的：'1873 年，一个来自伦敦的别有用心的金银通货主义者以及外国债券持有者的秘密代理人欧内斯特·赛义德 (Ernest Seyd) 先生，通过与国会的领袖议员和政府重要官员进行腐败交易导致了银币的废止。'据说，他带了 50 万美元来贿赂一些国会议员和货币监理官" (Barnett，1964，第 178 页)。如果上述描述是真的，无论从任何意义上讲，其中都确实存在罪行。但是，并没有证据表明这是真的。事实上，赛义德是一个复本位主义者，他强烈反对美国废止白银 (Nugent，1968，第 153、166 页)。并且，从来没有针对国会议员或政府官员通过 1873 年《铸币法案》的任何贿赂指控被提出来，更不用说什么文档记录了。这一法案在委员会和国会内部都进行了详细讨论，并经公开投票多数赞成通过，尽管后来的批评者声称他们所反对的关键规定几乎没有提及，也没有在会议上进一步讨论过。词典字面意义上的犯罪——"被法律禁止的行为，或对社会福利有害的行为"——并不存在。[①]

另外，《牛津英语词典》(*Oxford English Dictionary*) 给出了这个词的更一般的用法——"邪恶或有害行为，侵犯，

---

① 他们甚至还引用了他们的话作为支持证据："正如劳克林教授所说的……：'参议院主要把时间花在铸币税和磨损问题上，而众议院则主要关注官员工资问题'" (国家执行银币委员会，1890，第 22 页)。

违反宗教或道德的行为"。罪行是否存在取决于不同的观点。不可否认的是，在完全了解可能产生的后果以及这些后果被认为是合意的情况下，标准银元未被包括在有意铸造的硬币的清单中。这一点在法案通过时任铸币局局长的亨利·R.林德曼（Henry R.Linderman）在之后不久出版的一本书（1877，第9章）中就已清楚阐明。1872年11月，当《铸币法案》尚在国会中待决时，林德曼在递交给财政部部长的报告中写道："近百年来黄金和白银相对价值的波动并不是很大，但现在多种因素正在发挥作用，导致白银供过于求，引发其贬值"（第48页）。

关于该法案的后果，他写道："1873年《铸币法案》中的声明，即黄金美元将成为价值单位，而在该法案的规定下银币将被从铸造硬币中排除，将美国置于单一金本位制之上……欧洲和美国的主要观点是反对任何维持复本位制的可行性，并支持单一金本位制"（第44页）。在之后的一章中，他写道："恢复旧银元的提倡者……似乎认为取消其铸造如果不是一个错误，也是一个失误，他们意图纠正这样的错误，而没有考虑到其背后的问题，即在1879年恢复银币支付后，是否有可能保持金银硬币的同时流通"（第100-101页）。

此外，正如纽金特（Nugent）所详细记录的那样，参议院金融委员会主席兼参议员约翰·谢尔曼（John Sherman）至少从1867年起便决意废除白银，并且于1869年底已着手起草一项有关废除白银的法案。从那时开始，谢尔曼、林德曼、约翰·杰伊·诺克斯（John Jay Knox，货币部副审计长，后来是审计长）以及财政部部长乔治·布特韦尔（George

Boutwell）相互合作共同推动了一项废止银币的法案（Nu-gent 1968，第 80、88、99、103、105 页）。"诺克斯、林德曼、布特韦尔、谢尔曼和其他人清楚他们在废除银元时到底在做什么吗？"纽金特问道。"如果说他们不知道，那是说不通的，"他继续道，"但他们是否出于担心白银贬值而推动该法案？没有人直接做出这样的声明，但情况无疑是这样的"（第 137 页）。

另外，弗朗西斯·沃克（Francis Walker，1893，第 170 - 171 页）在 20 年后写道："在没有任何审查的情况下该举措就被通过了，不过一两年，银币废除的事实便众所周知了。"他在一个脚注中补充道："作者在 1873 年任耶鲁大学政治经济学教授，实际上从事货币相关主题的教学工作。他同时也是一位相当不错的读报人，并且由于职位和熟人带来的机缘巧合，他与邻近城市纽约的商界和银行业人士保持着相当密切的联系。然而，在 1873 年法案通过很久之后，他才第一次了解到银元被废除的消息"（第 171 页）。

奥利里（O'Leary，1960，第 392 页）总结了相关证据：

> 似乎仅有的合理结论是，1873 年《铸币法案》没有包括标准银元的条款，不是基于对现有经济事实的认识，而是基于精心计划的对白银作为货币制度一部分的敌意。该法案预见了未来。纽金特认为，这是有人（man）［根据纽金特的提法，"men"］有目的的、蓄意的结果，他（们）差不多操纵了立法进程并促使国会通过了立法。从这个意义上来说，银币的支持者们是正确的，他们认为这是"恶

意预谋"的结果。它达到而且远远超出了预期的"清理我们的铸币法律和程序"的结果。

在接下来的 27 年中，银币问题始终纠缠着美国的政治和财政。即使 1873 年法案没有排除标准银元的铸造条款，银币也永远不会重返它曾经享受过的地位。如果不废除自由和无限制的银元铸造，将对后来美国财政、经济和政治生活带来重大影响。然而，这又是另一回事了。①

这是我们接下来将要讨论的。

三、1873 年《铸币法案》的后果

废除银币自由铸造导致显著后果的原因在于林德曼所引述的这一核心事实：在世界市场上，白银相对于黄金的价格可能会下降。如果银金比价没有下降——或者按更通常的说法，金银比价上升——那么那个关键条款是在 1873 年法案中被纳入还是被排除，都将无关紧要。无论是哪种情况，如果美国恢复硬币支付，美国内战前有效的金本位制就将会持续下去。

然而，在美国通过 1873 年法案之前，金银比价的上升已经开始，并且在美国于 1879 年恢复了硬币支付的时候，金银

① 在一篇引人入胜的论文中，Rockoff（1990）很有说服力地指出，弗兰克·鲍姆（Frank Baum）的《绿野仙踪》（*The Wonderful Wizard of Oz*）不仅是一个儿童故事，而且是对所谓的"1873 年罪行"所引发的白银骚动的深刻评论。根据罗科夫的说法，Oz 国的土地是"东方的，（在那里）金本位拥有着至高无上的地位，每盎司（Oz 国）黄金都有近乎神秘的意义"（第 745 页）。他进而认为东方的邪恶女巫就是格罗弗·克利夫兰总统（Grover Cleveland），一个金币支持者兼民主党人，"成功地废除了《谢尔曼白银购买法案》（1893 年）"（第 746 页）。同样，罗科夫也识别出了许多其他地方、人物和事件，包括许多在自由银币运动最后几年中发挥了重要作用的地方、人物和事件。

比价的上升已有如火如荼之势。美国恢复以黄金为基础的支付是压死白银的最后一根稻草。如图 1 所示，1848 年在加利福尼亚和 1851 年在澳大利亚发现黄金之前，金银比价在 15.5（法国的金银比价）左右波动。然后在 1859 年降至近 15 的低点，从那时开始不规则但还算平稳地增长。[①] 1870 年以后，当欧洲国家一个接一个地从银本位制或金银复本位制转向金本位制，向当时公认占主导地位的经济强国英国的领导地位致敬的时候，此比率加速上升。德国在击败了法国之后的1871—1973 年间完成了这一转变，并以可转换为黄金的方式向法国征收大量战争赔款。法国自 1803 年以来一直保持着金银复本位制，尽管伴随着白银和黄金的重大发现，在 1873—1874 年期间，法国与拉丁货币联盟的其他成员（意大利、比利时和瑞士）一起废除了银币。斯堪的纳维亚联盟（丹麦、挪威和瑞典）、荷兰、俄罗斯在 1875—1976 年和奥地利在1879 年跟上了它们的脚步。到 19 世纪 70 年代末，印度和中国是仅剩的维持有效银本位制的主要国家。由此导致的黄金需求的增加和非货币性白银供应的增加，进一步导致了金银比价的持续急剧上升。从 1870 年的 15.4 上升到 1873 年的16.4，到 1879 年进一步上升到 18.4，在 1896 年更是上升到30，当时 16∶1 是布莱恩的战斗口号。

美国加入这场通向黄金的运动，通过吸纳自己不使用也会被世界其他国家购入用于货币用途的黄金以及不再吸纳白

---

① 虽然法国毋庸置疑地采用了 15.5∶1 的比率，因为这大约是 1803 年的市场比率，但法国保持了金银复本位制，这有助于稳定比率（参见 Walker，1896，第 87页；Fisher，1911，第 136 页）。

图 1　1800—1914 年年度金银比价

银，加大了金银比价的上行压力。这一影响是显而易见的。为了准备恢复支付，美国财政部已经积累了相当数量的黄金，以至于到 1879 年，美国的货币黄金储备在国库和私人手中已经达到世界储备的近 7%。到 1889 年，美国的份额已经上升到近 20%。更有戏剧性的是，美国货币黄金储备在 1879—1889 年的增长幅度**超过**了全球储备量。世界其他地方的货币黄金持有量在 1879—1883 年持续下降，随后上升，但直到 1890 年才超过了之前的水平。

对于白银来说，无法通过自由铸币来吸纳白银在一定程度上被反复的为获得白银利息收益而订立的特别立法所抵消，这些特别立法要求联邦政府以市价购买白银。第一次这样的措施是在恢复支付之前的 1878 年《布兰德-艾利森法案》（Bland-Allison Act），该法案授权财政部每月以市场价购买 200 万～400 万美元的白银，并导致了从 1878 年到 1890 年的持续购买。在《谢尔曼白银购买法案》（Sherman Silver Purchase Act）下，白银购买量急剧上升，直到 1893 年白银采购条款被废除。

有趣的是，根据这些措施购买的白银的盎司数量几乎相当于全国货币黄金存量新增数量的 16 倍。乍一看，好像这些政治措施吸纳了和自由铸币情况下一样多的白银，但事实并非如此。正如在后文中给出的结果所清楚显示的那样，如果美国采用白银作为本位币，货币存量的增长速度将会超过它现有的速度，因此，白银的盎司总量将远远超过实际购得的黄金的 16 倍。①

美国选择回归黄金而不是金银复本位制最明显而绝非最重要的后果是金银比价急剧上升。一个更为重要的后果是这一变化对一般商品和服务名义价格的影响。全球黄金需求增加的同时，全球黄金储备增速放缓，商品和服务产出不断上升。这些力量对价格水平造成了下行压力。换句话说，一般情况下随着黄金相对于总产出变得更加稀缺，黄金相对于总产出的价格上涨了，这意味着名义价格水平（在金本位制下以黄金表示的价格水平）下降。而银行体系迅速扩张增加了在每盎司黄金上可能叠加创造的货币金额，下行压力有所缓解。另外，实际收入的增加，加上经济活动的货币化，再加上物价水平的下降，使得公众持有相对于其收入的更大的现金余额（也就是说，流通速度下降），从而增加了价格的下行压力。

结果是，1875—1896 年，在金本位制世界，美国每年的通货紧缩率约为 1.7%，英国为 0.8%。在美国，从 1875 年到 1896 年的通货紧缩是在美国内战后更加剧烈的通货紧缩之后发生的。更剧烈的通缩是黄金成功恢复到内战前美元与英镑

---

① 根据第四节讨论的测算，货币白银的累积量将会是黄金实际购入量的 26 倍。

平价的必要条件。通货紧缩也引起了广泛的不安和不满，特别是在乡村地区。这种动荡导致了 1876 年绿背党的形成，早前主张发行更多的绿背美钞来以通货膨胀代替通货紧缩的鼓吹运动得以持续。这一政治风潮中止了从内战后开始使用的绿背美钞的退出，并促使 1878 年通过了《布兰德-艾利森法案》，授权财政部以市价购买数量有限的白银。

　　虽然这些白银是以市场价格购买的，但其作为货币的价值被确定在了一个较高的法定价格上，其中的差额被当作铸币税。白银大部分被铸造成标准银元。然而大部分银币都被堆在了财政部，作为被称为"银证"（silver certificates）的纸币的储备，或者在 1890 年之后作为 1890 年国库券的"储备"。它们名义上可兑换成白银，但它们也是"法定通货"，实际上也可以兑换成黄金。因此，用纸币在市场上购买白银比用虚构的法定价格把纸币兑换成白银更便宜。实际上，银证作为法定货币不同于绿背美钞仅仅是因为白银作为货币的历史角色使得通过购买白银而不是公开发行法定货币来增加货币供应更容易。此外，它也有控制白银利息使其符合导致通货膨胀的民粹主义事业的政治效应。因为美国政府试图支撑小麦价格，美国财政部持有的白银存量与政府持有的小麦库存是相对应的。

　　每年 1.7% 的价格下跌看上去似乎太过温和而不至于产生那种从恢复支付到 19 世纪末长达 20 年里纠缠美国的纷纷扰扰，但其他一些理由则并不支持这样的主张。首先，1.7% 是指涵盖所有商品和服务的价格指数（隐含价格平减指数）。农产品和其他基本商品的批发价格无疑会以更大的速度下降

（根据某一指数，每年下降 3.0%）。至少同样重要的是，我们都希望自己售卖的东西的价格能上涨，而非下跌，这样使得几乎所有商品和服务的卖家都是坚定的通货膨胀支持者。同样地，我们也希望自己购买的东西的价格下降。但作为消费者，我们购买了许多价格朝不同方向波动的商品，所以相对于我们所卖的商品的价格变化，我们对价格变化了解甚少。而这在 19 世纪是更为真切的，那时关于经济整体的数据比现在少得多，间隔也大得多。此外，在任何时候，卖方往往数量相对较少，而且是有组织的，因此比起那些从价格下跌中受益较小的无组织的消费者，他们拥有更多的政治影响力。对于白银生产商来说尤其如此，他们显然通过采用白银标准可以获得大量收益。尽管数量可能很少，但他们在政治上具有影响力，因为人口稀少的"白银州"在参议院和人口稠密的城市都有同样的代表权。

　　另一个因素是，农民通常是净货币债务人，因此会在提高了债务的实际价值的价格下跌中遭受损失，从降低了债务的实际价值的价格上涨中受益。作为债务人，他们特别容易受到宣传鼓动，把"1873 年罪行"看作是东部和外国资本家组成的政治集团的阴谋：华尔街 VS. 普通民众。[①]

　　对经由白银造成通货膨胀的煽动所带来的荒谬结果是：它解释了为什么美国的**通货紧缩**比其他金本位制国家更严重（1.7% 相比于 0.8%）。正如安娜·施瓦茨和我所总结的那样：

　　　　这整个白银时期是一个很好的例子，它说明人们对金

---

　　① 此处引用的是休·罗科夫（Hugh Rockoff）的评语。

钱的看法有时是多么重要。对白银会产生足以迫使美国脱离金本位制的通胀的恐惧，使得为了维护金本位制，催生严重的通货紧缩成为必要。现在回看起来，似乎一切都很明晰了：无论是在早期阶段接受银本位制，还是在早期承诺采用金本位制，都比维持令人焦灼不安的妥协更好，因为这种妥协会导致最终结果不确定以及随之而来的大幅货币波动。（Friedman and Schwartz，1963，第 133 - 134 页）

四、哪个更好？是银还是金？

鉴于任何一个极端均比令人焦灼不安的妥协更好，那么哪一个极端会更好：是在早期便采用以每盎司 1.292 9 美元货币价值的白银作为单一本位币还是及早确定以黄金作为单一本位币？或者，与两种极端看似不同的是，延续名义上的金银复本位制？对这一问题的回答需要对以上三种选择的定量结果进行全面细致的考察。

正如所发生的那样，我们的考察（见附录）清楚地表明，在金银复本位制延续的情况下，白银，而不是黄金，将会得以恢复。而且，这将发生在 1876 年，即在《恢复铸币支付法案》通过的一年之后。结果是，金银比价将与它的现实表现大不相同。

图 2 绘制了法定金银比价（16：1）、实际的市场价格比率，以及在继续存在法定的金银复本位制情况下的价格比率的估计值。实际比率剧烈上涨，特别是在 1890 年以后，涨到了 30 多，并保持不变。与此形成鲜明对比的是，估计的假设比率只在 1891—1904 年大大偏离了法定比率。在 1891 年以

前，这一比率在 16∶1 左右微小波动。从 1906 年到 1913 年，这一比率保持在 17 和 18 之间。对 16∶1 的偏离并非偶然。在为期多年的关于自由铸银的极大政治纷扰以及由此引发的动荡后果中，这一比率上升至高于 16∶1 的水平，这场政治纷扰是围绕着 1896 年的布莱恩自由铸银运动而展开的。如果在 1873 年《铸币法案》中保留了那个关键条款，那么这种纷扰将永远不会发生，因为美国将会采用银本位制。在 1897 年世界黄金产量快速增长的时期，假设的价格比率降到了一个较低的水平。这往往会压低黄金的实际价格。

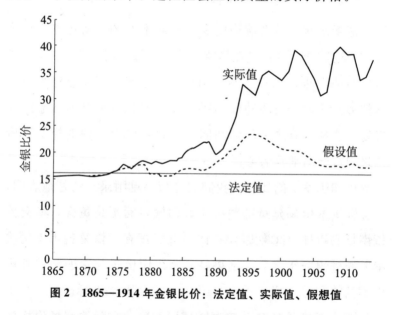

图 2　1865—1914 年金银比价：法定值、实际值、假想值

这些预估使我可以充分考虑持续实行法定金银复本位制对经济环境造成的变化：世界价格水平更高，黄金实际价格更低，可作非货币使用的白银数量减少，等等。但是，我还是无法预测到一些本可以预测的效果，特别是实际收入的变化，银和金的生产，更不用说政治气候的变化了。毫无疑问，自

由铸银问题的消失所造成的政治真空会被其他问题所填补——很可能是对美国转向金本位制的压力——但是我们没办法推测它们会对金银比价产生怎样的影响。因为这已经属于想象的范畴，任何这样的尝试都可以在历史上一试手脚。

我认为，实际上，采纳白银作为本位币会在整个时期使得金银比价在 16：1 上下小幅波动，甚至比 1891 年以前和 1904 年以后的估计值还要小。简而言之，我相信在 1873 年稳定金银比价之后，美国在 1873 年之后可以扮演像 1873 年之前的法国那样的角色。[①] 如果我是对的，那么金银复本位制的反对者所担心的金银复本位制会导致白银和黄金之间不停的切转将被证明是错误的。由于美国事实上以白银为本位币，英国等其他主要国家以黄金为本位币，金银比价的变化将直接反映在美元和其他货币之间的汇率上。比价上升会导致美元贬值；比价下降则会导致美元升值。因此，相对稳定的金银比价将意味着相对稳定的汇率，而英镑兑美元汇率的变化幅度也不太大，达到 4.86 美元，实际也是如此。

除了金银交易商之外，金银比价本身并不重要，但对于银本位制国家（根据假设，包括美国在内）以及金本位制国家的现行价格水平来说却极其重要。图 3 描绘了实际价格水平和其他假设价格水平，与图 2 中的金银比价相对应。简单估计假设了金银比价和白银的实际价格会保持各自的实际数值。在这个假设下，价格水平很容易计算。只需要将白银的

---

① 从 1803 年到 1873 年，法国成功地维持了复本位制，法定金银比价为 15.5：1，1859 年的比价最低，为 15.19，1813 年最高，为 16.25；在大多数情况下，这个范围要窄得多（Warren and Pearson，1933，第 144 页，表 25）。

法定价格（1.292 9）与其市场价格之比和现行价格水平相乘。然而，这种简单的假设显然导致了对本来可能发生的价格上涨的显著高估。16∶1 的估计走到了另一个极端：通过假设实际比率始终维持在 16∶1，它低估了采用银本位制对价格水平的影响。在大多数时候，比起简单估计值，复杂估计值在极端值之间，但还是更接近 16∶1。然而，估计值 16∶1 可能比其他任何估计值都更准确地描绘了可能的年度变化模式。简单和复杂估计值都受到了纯统计"噪声"的干扰。此外，美国的金银复本位制将为使得在全球范围内起到稳定作用的白银投机活动提供动力，从而消除不稳定的波动。

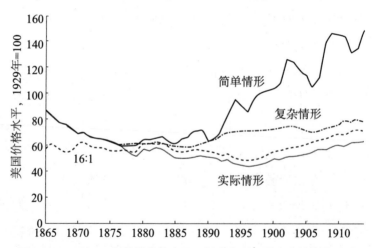

图 3　1865—1914 年美国价格水平：银本位制下的实际值和估计值

　　美国的价格水平从 1876 年到 1896 年以每年 1.5％的速度下降，从那以后直到 1914 年，又以每年 2.0％的速度上升。16∶1 情形下的价格水平在 1896 年下降了 0.7％，然后在 1914 年上升了 2.3％。复杂估计情形下的价格水平从 1876 年到 1887 年以每年 0.2％的速度下降，然后直到 1914 年，每年以 1.1％的速度上升。任何一种选择都意味着最初的下降速度减半或更多。在 16：1 的情形下，随后的增长会稍微快一些；在复杂估计情形下则要温和得多。如果我的上述估计多多少少是正确的，那么一个金银复本位制或真正的银本位制将会比被采用的金本位制带来更稳定的价格水平。

也许更为重要的是，银本位制在很大程度上可以避免被施瓦茨和我称为"1891—1897 年动荡时期"（Friedman and Schwartz，1963，第 104 页）的情况的发生：包括 1892—1894 年的急剧收缩，1894—1895 年短暂和温和的复苏，随后 1895—1896 期间的收缩①，大范围的银行倒闭加上 1893 年的银行恐慌，以及外国人因为担心白银的波动会迫使美国放弃金本位制而对美国黄金储备的一次挤兑。靠着 J. P. 摩根（J. P. Morgan）和奥古斯特·贝尔蒙特（August Belmont）领导的一个私人财团与美国财政部签订合同，市场信心得以恢复，并避免了脱离金本位制。"据称，这项合同的烦琐条款，是通过在民粹主义文学中长期被认定为'国际银行家的阴谋'的代理人秘密安排的。这些条款在 1896 年的竞选中成为重要议题"（第 112 页）。

这些影响当然不会局限于美国。虽然我对世界其他地方的经验研究不如对美国的经验研究透彻，但在准备美国的估计的过程中，有必要估计金本位制世界的价格水平所受到的影响，对此，我选了英国作为代表。图 4 给出了英国的实际和假设的价格水平。估计的影响虽然比美国小，但效果仍显著。世界其他地区的价格水平一直较高。从 1875 年到 1895

---

① 这些是弗里德曼和施瓦茨（Friedman and Schwartz，1982）中所采用的年度参考日期。

年，实际价格水平从每年下降 0.8％转变为每年下降 0.5％；随后，从每年上升 0.9％转变为每年上升 1.1％。然而，在这里，除了我们的简单计算中所包含的影响之外，显然也会有其他影响。美国的变化无疑会在别处产生回响。可以推测的是，一个更健康的美国经济将意味着更健康的世界经济。另外，持续降低的黄金实际价格会削弱生产黄金的动力，这可能会推迟引入氰化法来提炼低等级的矿石，这是导致 1896 年以后全球通货膨胀的黄金泛滥的原因。我的分析并没有考虑这样的影响。

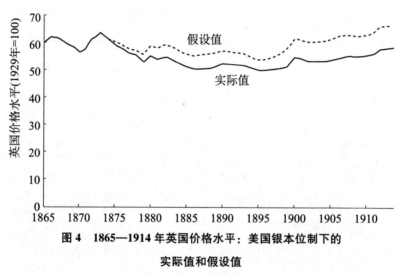

图 4　1865—1914 年英国价格水平：美国银本位制下的
实际值和假设值

无论从法律角度来看"1873 年罪行"是否成立，从历史的角度来看都是成立的。排除关键条款对之后的美国货币史，并且确实在某种程度上，对世界货币史都产生了重大的影响。"1873 年罪行"的用词过于激昂，但这个问题的重要性并没有被夸大。真正的问题是货币制度：金银复本位制在美国实际上是交替的金银标准。1873 年法案为金本位制的实行扫清了障碍，这就解释了它的重要意义。此外，传统观点来自劳克林，即"1873 年法案是一笔良好的财富"（[1886] 1896，第 93 页），但我自己的看法却恰恰相反：这是一个产生相当不良后果的错误。

紧接着需要补充的是，这是对 1873 年的评价，而不是对 1896 年的。到 1896 年，要挽回损失已为时太晚。布莱恩试图亡羊补牢。在 1896 年大选中，金银比价约为 30：1。如果采用 16：1 的法定比率，无疑会导致市场比率大幅下降，同时减少对黄金的需求、增加对白银的需求。但无论价格下跌多么剧烈，它都会在价格水平和国际贸易中产生较大的扰动。金本位制世界正进入通货膨胀时期；放松作为货币的白银的流入只会加剧金本位制国家的通货膨胀，同时也会在美国产生广泛的影响。[①]

我要另外赶紧补充的是，这个判断不是要诋毁或赞扬各方在长期争端中的性质或意图。亲银集团包括：寻求促进其特殊利益的白银生产者，渴望为此目的采用任何方式的通货膨胀主义者，被劝服复主义比单一主义更有利于价格稳定、既不希望通货膨胀也不希望通货紧缩的真诚的金银复本位制者。类似地，亲金集团包括：黄金生产商，被华尔街银行家的自由银币势力嘲弄的通货紧缩主义者，相信金本位制是唯一能够作为一个财政稳定的社会的令人满意的支柱的真诚信徒。动机和意图远不及结果重要。而且，就像在许多其他情况下一样，其结果与

---

① 附录中的估计结果是，如果美国在 1896 年的时候保留了复本位制，市场中的金银比价将会是 24：1。不过，正如文中所指出的那样，我认为这是一个过高的估计，因为它反映了在假设情况下本来可以避免的货币和政治上的争议的影响。此外，理论上的考虑显示，在假设情况下所得到的市场比率可能高于或低于受布莱恩当选以及以 16：1 的比率自由铸造金银影响所产生的市场比率。在另一篇论文（Friedman，1990）中，我更详细地讨论了如果布莱恩在 1896 年当选，结果会怎样。

1873 年《铸币法案》的善意提倡者的意图截然不同。

附录 A 对 1873 年以后延续金银复本位制的影响的估计①

此部分的目的在于估计，当 1873 年《铸币法案》中包含了自由铸造含 371.25 金衡格令纯银的标准银元的规定时的价格水平和金银比价，此时白银的法定市场价格为 1.292 9。

A. 简单估计

银币的实际价格可简单表述为名义价格除以价格水平。在简单假设下，银的实际价格保持不变，它应该等于1.292 9/PHN，其中 PHN 是银本位制下假设的价格水平的初始估计值。将这两种情况等价于假设价格水平

$$\mathrm{PHN} = 1.\dot{2}\dot{9} \times \frac{P}{PS} \tag{A1}$$

其中，P 为实际价格水平，PS 为实际中白银的名义价格。这一简单的估计值比 1865—1876 年实际中的价格水平要低。1876 年，两者是相等的；因此，如果在 1873 年《铸币法案》中没有排除这个重要条款，那么在 1876 年，在《恢复铸币支付法案》通过一年后，基于白银的货币制度便会重新确立。正文中的图 3 显示了之后价格水平的简单估计；我在表 A1 中列出了其数值。

---

① 许多年前，我曾建议路易·德雷克（Louis Drake）估算美国仍采用金银复本位制对美国和世界价格的影响。他为这个项目工作了很多年，积累了大量数据，但他对自己的成果并不满意。在 1982 年他去世之后，他的同事和朋友们在整理他的档案时发现一份初步文件中保留了他最初的计算，并在《经济史探索》（*Explorations in Economic History*）（Drake，1985）中发表了该成果。当我开始写本文的正文的时候，我想我可以直接使用他的结果。但是当我详细阅读他的文章时，我对他的结果有所保留，这可能也是他自己没发表该成果的原因。因此，尽管从他的一些数据和分析中受益，但我提出了一套独立的估计。毫不令人奇怪的是，我的最终结果与他的截然不同。

表 A1 如果美国 1865—1914 年实行银本位制，估计的对美国和英国价格水平的影响

年份	美国价格水平				英国价格水平（1929 年=100）		金银比价	
	实际	简单	假设 16:1	复杂	实际	假设	实际	假设
1865	86.5		57.3		59.8		15.4	
1866	82.6		60.8		62.0		15.5	
1867	77.6		58.2		61.6		15.6	
1868	76.2		54.6		59.8		15.6	
1869	72.7		54.7		58.7		15.6	
1870	68.7		59.8		56.3		15.6	
1871	69.8		62.5		57.8		15.6	
1872	66.3		59.0		61.4		15.6	
1873	65.5		57.6		63.5		15.9	
1874	64.8		58.3		61.5		16.2	
1875	63.3		55.1		59.2		16.6	
1876	60.4	60.2	55.4	60.4	57.8	59.0	17.8	17.2
1877	58.2	59.8	56.8	60.8	56.2	57.5	17.2	17.1
1878	53.9	60.1	55.4	61.4	55.2	57.2	17.9	17.7
1879	52.0	60.0	54.7	61.4	52.8	55.6	18.4	18.0
1880	57.4	64.5	61.3	61.0	55.0	58.7	18.0	15.9
1881	56.3	64.4	60.8	61.5	53.8	58.1	18.3	16.2
1882	58.1	66.0	62.8	61.1	54.6	59.0	18.2	15.5
1883	57.4	66.8	62.3	61.3	54.0	58.6	18.7	15.7
1884	54.4	63.2	59.1	59.7	52.5	57.0	18.7	16.2
1885	50.8	61.6	55.4	59.6	51.1	55.7	19.4	17.2
1886	50.1	65.1	54.8	59.2	50.3	55.0	20.9	17.3
1887	50.6	66.8	55.8	59.2	50.5	55.7	21.1	17.0
1888	51.5	70.9	56.7	59.7	50.5	55.6	22.0	16.8
1889	51.8	71.5	56.8	61.3	51.2	56.1	22.0	17.3

续表

年份	美国价格水平				英国价格水平（1929年=100）		金银比价	
	实际	简单	假设16：1	复杂	实际	假设	实际	假设
1890	50.8	62.8	55.8	63.4	52.1	57.1	19.7	18.2
1891	50.3	65.8	55.0	64.4	51.9	56.7	20.9	18.7
1892	48.3	71.3	52.5	66.7	51.8	56.2	23.8	20.3
1893	49.5	81.8	53.8	69.4	51.5	55.9	26.6	20.6
1894	46.4	95.2	50.0	70.9	50.6	54.6	32.9	22.7
1895	45.7	90.5	49.0	71.9	49.9	53.5	31.9	23.4
1896	44.4	85.5	48.1	71.3	49.7	53.9	30.5	23.7
1897	44.6	96.5	48.6	71.1	50.2	54.6	34.5	23.4
1898	45.9	101.8	51.0	71.3	50.5	56.1	35.5	22.4
1899	47.1	102.3	52.6	72.0	51.2	57.1	34.8	21.9
1900	49.6	104.5	55.8	72.6	54.6	61.4	33.8	20.8
1901	49.3	108.1	55.7	72.8	54.2	61.2	35.1	20.9
1902	51.0	126.5	57.9	74.0	53.3	60.4	39.7	20.5
1903	51.5	124.4	58.6	74.9	53.2	60.4	38.6	20.5
1904	52.3	118.2	59.4	73.8	53.3	60.5	36.2	19.9
1905	53.4	114.4	60.8	72.4	53.6	61.0	34.3	19.0
1906	54.5	105.4	62.7	70.1	54.0	62.2	31.0	17.9
1907	56.8	112.4	65.2	71.3	54.9	63.0	31.8	17.5
1908	56.7	138.6	65.0	73.1	55.1	63.2	39.1	18.0
1909	58.7	147.5	67.0	74.7	54.9	62.5	40.2	17.8
1910	60.2	145.6	68.7	76.4	55.2	63.0	38.7	17.8
1911	59.7	144.9	68.3	79.6	55.9	63.9	38.9	18.6
1912	62.3	132.4	71.4	78.2	57.5	65.9	34.1	17.5
1913	62.6	135.3	71.9	79.7	57.9	66.5	34.6	17.7
1914	63.5	149.7	71.8	78.6	58.2	65.8	37.8	17.5

简单假设存在三个缺点：（1）在银本位制下，美国白银存量的增加幅度可能要高过它在金本位制下应对白银利率时的增幅。这将会倾向于提高白银的实际价格。（2）美国也将出口黄金，而不是积累黄金，这将增加世界其他地区的货币和非货币黄金的存量，并提高金本位制世界中的名义价格。[①]这会降低黄金的实际价格。（3）在这两种情况下，金银比价都会低于实际水平。

B. 16：1 估计

假设美国采用银本位制且有效地把实际金银比价维持在 16：1 的水平上，并且始终坚持严格的银本位制（即，该比率只会略高于 16：1）。我们将会看到，这并不像看上去的那么牵强。

为了估计该假设下假设的美国价格水平，我们需要先估算假设的黄金的实际价格。假设美国在采用银本位制时处置了其所有的货币黄金存量，并且释出的黄金在非货币使用（由美国加上世界其他地方）和其余货币黄金存量之间划分，这两个组成部分之间的比重与当时世界上黄金的存量中这两部分的比重是一样。[②]进一步假定世界价格水平与黄金存量的增加成比例上升，因此，我们有

$$\text{RPGH} = \text{RPG} \cdot \frac{\text{EWMG} + \text{WNMG}}{\text{WMG} + \text{WNMG}} \qquad (\text{A2})$$

由于根据假设，白银的实际价格是黄金实际价格的 1/16，

---

① 此处及后文中各变量的数据来源，请参见附录 B。相关符号也在附录 B 中做了定义。

② 这一方法来自休·罗科夫（Hugh Rockoff）。我用它取代了我一开始时做出的一个不那么有吸引力的假设。

并且根据定义，等于名义价格（＝法定价格）除以价格水平，所以我们有

$$PH16 = 1.\dot{2}\dot{9} \times \frac{16}{RPGH} \qquad (A3)$$

从 1879 年以来，美国实际的货币黄金储备成为世界货币黄金稳步增长的一部分，因此假设价格大体上与实际价格相似，在此期间差异有所上升（见正文图 3）。当 1876 年白银恢复支付时，根据式（A3）估算的价格水平比实际价格水平低了一点。到 1877 年，估算值则小幅高于实际值。

如果美国整个时期都处于银本位制，要估算黄金价格水平所受影响，只需要假设的黄金的实际价格。如果把英国的价格水平作为金本位制世界的价格水平的代表，那么我们有

$$UKPH = UKP \cdot \frac{WMG + WMNG}{EWMG + WNMG} \qquad (A4)$$

见正文图 4。影响显然是很大的。[1]

C. 更为复杂的假设

要超越以上简单的估计，就需要找到一种方法来估计白

---

[1] 对这些估计值进行的有趣检验是在欧文·费雪（Irving Fisher）完成后发现的，他在 1911 年写下了这样一段话："如果通过某种方式，黄金和白银可以一起被保留（比如通过世界范围内的金银复本位制），价格就不会在金本位制国家中跌得那么多（1873—1876 年的平均水平），也不会在银本位制国家（如果有）上涨那么多，但可能会在金本位制国家稍有下降——1890—1893 年大概只有 10%，到 1896 年下降得更多"（第 244 - 245 页）。他估计 1873—1876 年和 1890—1993 年间金本位制国家的价格实际上下跌了 22%，银本位制国家则上涨了 17%。根据表 A1，在美国，一个金本位制国家，价格在所示日期之间下跌了 22%，但在我认为是金本位制的代表性国家英国，下跌了 14%。英国的假设价格指数的估计值下降了一半，即 7%，然后进一步下降直到 1896 年。这两方面都非常接近费雪的估计，特别是就可以避免的下降部分而言。对于银本位制国家，在表 A1 中，16：1 下美国的价格水平的估计值下降了 4%，复杂情形下的价格水平上升了 4%，这与费雪的"假设"一致。

银的实际价格，因为我们可以使用类似式（A3）的式子来将这样的估计转换成假设价格水平的估计。

白银的真实价格是由全球非货币白银供应量和需求量决定的。可以预想的是，美国采用金银复本位制或银本位制不会对世界非货币白银的需求函数产生重大影响。为了估计需求函数（下文第 3 小节），需要有关实际白银非货币使用量的数据（第 1 小节）。另外，美国采用复本位制或银本位制明显地改变了非货币白银的供应（第 2 小节），因为这会增加对白银的货币性需求。为这一时期（1875—1914 年）提出可接受的估计，这是迄今为止我遇到的最棘手的问题。

1. 白银实际的非货币使用

非货币白银的供应等于（1）白银的生产量减去（2）世界其他国家对白银的需求量再减去（3）美国对货币白银的需求量，即

$$\mathrm{SNM=SPROD-EWMDS-UMDS} \tag{A5}$$

SPROD（白银的年产量）和 EWMDS（其他国家白银货币存量的增量）的估计值是现成可得的。我已经构建了对 1873—1894 财政年度 UMDS（美国白银货币存量的增量）的估计值，这些估计值部分来自美国财政部的一份有关美国政府基于接连出台的白银购买法案所采取的白银收购行为的报告，后面几年的估计值则来自对白银货币存量的总美元价值的估算。

2. 假设的非货币白银的供给量

等式（A5）给出了实际的非货币白银数量。将 H 添加到相关的符号中，使其表示假设的银本位制下非货币白银的数

量。第 1 项，白银产量，原则上取决于白银的实际价格。但是，在我们所讨论的时间区间内，白银的实际产量大幅上升，从 1880 年到 1914 年几乎增长了三倍，而白银的实际价格却降到了初始水平的一半以下。其间，白银的供应显然受到了外生的发现以及技术革新的驱动。而且，很多白银是其他金属开采的副产品，因此在供给中相对缺乏弹性。因此，我假设白银产量与它的实际数量一致。这个假设导致了一个错误：估计的白银实际价格向上偏差。

关于第 2 项，我已经假设其他国家不会因为美国采用银本位制而受到影响，也不会受其他国家采用银本位制还是金本位制，或是改变其白银货币的增量的影响。这个假设看上去是非常合理的。德国、法国和其他国家由银本位制向金本位制的重大变化，发生在美国采用银本位制之前，这实际上也是美国自身采用金本位制的一部分原因。因此，我只是将其他国家实际的货币需求作为假想的估计值。

第 3 项，美国货币白银的假设增量是最难确定的。我们可以同义反复地将假设的美国货币白银的存量（以盎司为单位）表示为铸币占货币之比（SPR）乘以货币数量与白银的法定价格之商。或者，我们可以将货币数量表示为名义收入与流通速度之比，而把名义收入表示为实际收入与价格水平的乘积，如下所示：

$$\text{UMSH} = \frac{\text{UMG\$}}{\text{UM}} \cdot \frac{y}{V} \cdot \frac{P}{\text{LP}} = \text{SPR} \cdot \frac{y}{V} \cdot \frac{1}{\text{RPSH}}$$

$$= k_1 \cdot \frac{1}{\text{RPSH}} \tag{A6}$$

式中，y/V 是实际货币存量；与 P 相乘将其转换为名义美元。

只有 SPR 和 y/V 的乘积，用 k_1 来表示，被纳入后面的分析中，这一乘积等于铸币储量的实际值。（原则上，所有符号都应该跟随有 H，但是因为除了白银的实际价格，并不会产生任何混淆，我将它省略了。）

将货币存量表示为其实际存量和价格水平的乘积的原因是其中的价格水平正是我们想要估算的。式（A6）右侧部分的第二种表式方式引入了白银的假设实际价格以代替名义价格水平。由此，我们便可以直接利用式（A1）中相对应的部分来估计假设的名义价格水平了。

在计算式（A5）中的实际值时，我把流通中或美国财政部持有的白银视为"货币白银"。然而，在估算金本位制下的铸币准备金率和铸币储备金的假想值时，我并不能把货币白银作为铸币储备的一部分，尽管在复本位制或银本位制下，它扮演了这样的角色。它只不过是在政府为支撑白银价格所做的一部分尝试中所累积起来的资产（就像目前的政府小麦库存一样）。

因此，为满足当前目的，我仅采用黄金货币存量。图 A1 描绘了货币黄金准备金率（货币黄金的美元价值与货币量之比）、货币存量的实际价值以及黄金储备（实际的黄金储量 k_1）的实际价值。《恢复铸币支付法案》通过后的头五年（1875—1879 年），准备金率的快速上升被认为是为恢复支付做好准备。可以推断的是，如果用白银而不是黄金作为本位币，类似的上涨也会发生，唯一的区别是被积累的会是白银而不是黄金。无论在哪一种情况下，储备的积累都要求在国际收支的经常项目或资本流入方面有盈余。从 1876 年到 1881

年，产生了相当大的盈余，随之而来的是大量资本流入。在我看来，没有理由可以认为储备的初始积累在银本位制下和金本位制下会有所不同。

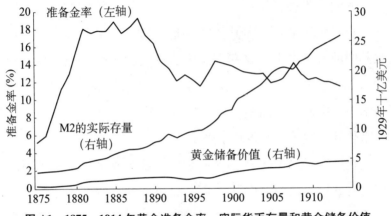

图 A1　1875—1914 年黄金准备金率、实际货币存量和黄金储备价值

到 1879 年，铸币的准备金率达到了与 20 世纪初大致相同的水平，当时 19 世纪 80 年代和 90 年代货币方面的动荡所产生的不确定时期已经结束。其在 1879 年之后的进一步上升，是由一项旨在说服国内外公众继续维持金本位制的努力所推动的。然而，随着要求更为扩张的货币政策的情绪被煽动起来，这种努力失败了，尤其是在亲银运动获得支持之后，造成了对黄金储备的持续压力，并导致准备金率的急剧降低以及实际储备水平的略微下降。1896 年布莱恩败选后，准备金率有一次暂时性的上冲，并且实际储备也呈现了更为显著的上涨。其中，准备金率的上行是由实际货币供给的增加推动的，后者部分是信心恢复的结果。这不仅降低了流通速度，也带来了更高的实际收入。直到我们所分析的时期结束，依然没有达到相对稳定的状态。

在尝试了许多替代方法来估计在不受质疑并完全被接受的金本位制下的铸币储备数量之后，我最终选择了一个纯经验的权宜之计：连接 1875—1914 年间的第一个 5 年和最后一个 5 年的黄金储备的平均价值之间的一条直线趋势线。如图 A2 所示，这条趋势线消除了起始部分的上升和随后的下降，我在前面段落中将二者归结为货币领域的扰动及其后续影响。对于 1875—1779 年以及 1901—1914 年的时期来说，这更接近实际。

美国对白银假设的年货币需求只是美国假设的白银存量的增量：

$$\text{UMDSH}(t) = \Delta\text{UMSH} = \text{UMSH}(t) - \text{UMSH}(t-1)$$

$$(A7)$$

这种方法可能存在很多错误。有些只是因为使用了 k_1 的趋势值而影响了年际变动。任何系统性偏差都主要来自这样一个假设，即该时期内的前几年及后几年中，银本位制下的铸币储备将保持同其在金本位制下一样的水平。可能的误差来源是铸币准备金率和实际货币存量。合意的铸币准备金率可能受到不同价格模式的影响。在金（银）本位制下的价格上涨意味着金（银）的实际价值正在下降，反之亦然。实际价值的下降使得持有铸币储备的成本更低，反之亦然。但是，任何这样的价格因素是否对货币当局有关铸币储备的合意规模的决定具有重要影响是值得怀疑的：任何财政上的收益或者损失都是细微的，且都施于整个政府部门而并不是特定于货币当局。一个更重要的因素当然是铸币流失的威胁，这在一个稳固的银本位制下基本上是不存在的。

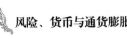

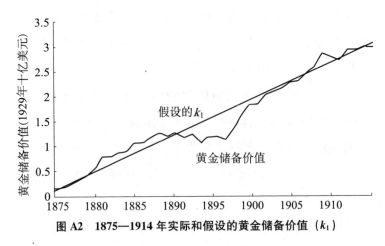

图 A2   1875—1914 年实际和假设的黄金储备价值（k_1）

由于清楚确立了银本位制，实际货币存量将会受到不确定性下降的影响。减少的不确定性往往会降低流通速度并提高实际收入，这两者都会提高实际货币存量——正如1896 年以后所发生的那样。忽视这些影响会导致低估假设的白银存量。这种低估导致了估计白银实际价格的向下偏差，或者与估计第 1 项（白银产量）时可能引入的偏差相反的偏差。

3. 白银的需求

非货币白银的需求量主要取决于世界实际收入、白银的实际价格和黄金的实际价格。我用两种不同的方法估计了需求曲线：线性以及对数。通常而言，对数形式是更可取的。然而，在目前这一特殊情形下，我并不认为它就是合适的。对数形式迫使白银的非货币需求是正的，但很容易使得白银货币存量的增量超过白银的世界产量，就像在 20 世纪 30 年代罗斯福总统的白银购买计划中所发生的那样。在这种情况下，如果根据式（A5）估算，可供应的非货币白银的数量为负数，在式（A5）中，非货币白银的供给来自现有产量，而并非非货币白银的量。

我使用了沃伦和皮尔逊（Warren and Pearson，1933）给出的世界生产量指数作为对世界实际收入的估计。[1] 对于白银的实际价格和黄金的实际价格，我只是用其实际价格除以美国的平减指数。在这个过程中我假设了白银和黄金的实际价格在全世界都是一样的，对于这两种货币金属来说，这当然是一个不合理的假设。[2]

1880—1914 年，我们有如下两个方程：

$$\log SNM = -6.96 + 1.27\log WI - 1.28\log RPS + 1.87\log RPG$$
$$(3.7) \quad (4.0) \quad\quad (4.0) \quad\quad (5.6) \quad (A8)$$

$$SNM = 58.28 + 2.13WI - 66.21RPS + 0.88RPG$$
$$(0.8) \quad (4.0) \quad\quad (4.0) \quad\quad (1.1) \quad\quad (A9)$$

式中，WI 代表世界收入。和通常一样，圆括号中是 t 值的绝对值。在对数方程中，系数都非常显著；在线性方程中，只有世界收入和白银的实际价格的系数是显著的。然而，在拟合程度方面，几乎没有什么选择，如图 A3 以及调整后的

---

[1] 对沃伦和皮尔逊的表格的一份补充说明指出，该指数由纽约联邦储备银行（Federal Reserve Bank of New York）的卡尔·斯奈德（Carl Snyder）演算而得。沃伦和皮尔逊报告了相似的美国实际实物产量的指数。美国产出指数的趋势比美国实际收入的趋势更为陡峭（Friedman and Schwartz，1982）。而在另一方面，二者整体的起伏非常相似。因此，我试图通过调整沃伦和皮尔逊指数，以每年约 0.4% 的增速作为趋势项，将其从指数中剔除，其中这约 0.4% 的增速来自每年美国产出的对数趋势和美国实际收入的差值。然而，即使有的话，这对最终结果的影响也是微不足道的，因此在统计上就显得不那么重要了，所以我只是简单地使用了原本的指数。

[2] 然而，我们并不清楚，是否使用美国而不是英国的平减指数更可取。我尝试了这两个。结果的差异很小，选择美国平减指数的表现略优。然而，一个更有决定性的考量是，我想用这个式子来估计美国的假设的价格水平，因此，令人鼓舞的是，替换掉英国平减指数并没有产生统计方面的改善。

R^2 所显示的，后者对于对数方程为 0.949，对于线性方程为 0.950。对数方程的估计的标准误差为 0.180，这与线性方程的变异系数的估计值相当。如果变异系数的分母是因变量的算术平均值，则是 0.138；如果是几何平均值，则是 0.177。线性方程的两个估计值都低于对数方程的对应的估计值。

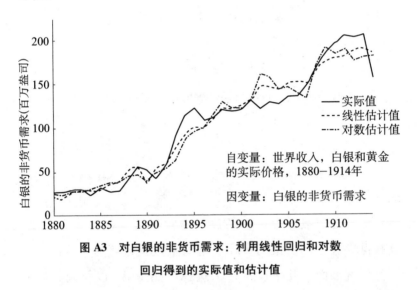

图 A3　对白银的非货币需求：利用线性回归和对数
回归得到的实际值和估计值

用线性方程来估计一个假想的价格水平比使用对数方程要容易得多，这强化了采用偏向线性方程的理论方面的考虑，也就是说，来源于当前产量的可供非货币白银的数量可以是负的。因此，从此处开始，我只使用线性方程。

4. 使供给和需求相等

使式（A5）和式（A9）相等，并重新整理各项可得

$$UMDSH = SPROD - EWMDS - 58.28 - 2.13WI$$
$$-0.88RPGH + 66.21RPSH \qquad (A10)$$

为简化起见，令 k_2 等于除了最后一项以外的（A10）右侧的所有项，并令 x 等于作为我们估计目标的白银的假设实际价格。所有这些变量也都是时间的函数。然而，给定到目前为止的所有假设，我们估计了从 1874 年到 1914 年的所有年份的 k_1 和 k_2 的值。

利用这些符号，我们可以用式（A6）重写式（A7）。

$$\text{UMDSH}(t) = \frac{k_1(t)}{x(t)} - \frac{k_1(t-1)}{x(t-1)} \tag{A11}$$

令式（A10）和式（A11）相等并简化得到：

$$66.21 x^2(t) + \left[k_2(t) + \frac{k_1(t-1)}{x(t-1)} \right] x(t) - k_1(t) = 0 \tag{A12}$$

除了在分母中包含 $x(t-1)$ 这一点比较麻烦之外，式（A12）现在是一个简单的二次方程的形式；$x(t-1)$ 是我们试图确定的未知量之一。作为第一个近似值，假定每年白银的实际价格保持不变，即 $x(t)$ 等于 $x(t-1)$。该假设使得式（A12）简化成式（A13），虽然涉及前一年的 k_1 值，但通过用 Δk_1 代替 $k_1(t)-k_1(t-1)$，该等式仅涉及未知 x 的当前年度值：

$$66.21 x^2 + k_2 x - \Delta k_1 = 0 \tag{A13}$$

这个方程的解就是 x 的第一个近似值。

对于第二个、第三个及以后的各近似值，我们可以回到式（A12），并用先前的近似值估计代替 $x(t-1)$。连续的近似值趋于收敛，尽管速度相当缓慢。主要的变化不在于水平或总体的模式，而在于年度变动。然而，每个近似值都意味着损失序列开头的一个值。我采用了第 11 个近似值，这样 1884 年便是第一个有估计值的年份。对于更早的年份，我使用了较早的近似值，以 1876 年取值的第三个近似值为开始，这一年本是银本位制被采用的年份。①给定这一白银实际价格的估计值，只需要用法定价格除以实际价格来估计银本位制下的假设价格水平。由此产生的对美国的假设价格水平的"复杂"估计值如正文的图 3 所示。

5. 金银价格比率

由于我们已经估计了假设的黄金的估计价格，所以要得到金银比价并不费力。结果与实际的和法定的金银比价如正文的图 2 所示。考虑到主观的假设和不可避免的测量误差都可能影响我们的估计，以及其间受货币方面的不确定性的影响程度不同，美国银本位制下实际的金银比价的波动程度肯定比我们估计的假想金银比价的波动程度要低很多。

这些估计表明，如果美国在 1879 年恢复了金银复本位制，并始终保持在这个水平上，那么市场上的金银比价将保持在大体上等于或略高于美国的法定价格比率的位置，正如近一个世纪以来的法国，该比率始终约等于其法定价格比率。（表 A1 给出了图 2、图 3 和图 4 中绘制的曲线的数值。）

D. 更为复杂的假设

原则上，通过采用相同的估计方法，一个关于白银和黄金的实际价格水平的完全的联立解是可能的，即要估计（a）非货币黄金的需求方程和（b）美国在银本位制下假设的对黄金的需求量。然而，沿着这条路线的探索结果令人失望。首

---

① 我的估计结果中有 EWMDS 估计值的第一个年份是 1874 年，这就解释了为什么我可以估计第一个近似值的年份是 1874 年。

先，估计黄金的假设非货币需求比白银更难。[1] 其次，由估计
得到的黄金需求方程给出了负的白银实际价格系数（尽管在
统计上并不显著），而不是我们预期中的取代黄金之后的正的
白银实际价格系数。[2]这个结果与由白银需求方程得到的正的
实际价格系数不一致，这违反了斯勒茨基交叉方程条件
(Slutsky cross-equation condition)。为消除矛盾，需要同时估
计白银和黄金需求方程，并施加适当的交叉等式约束。鉴于
两个单独的等式之间的巨大差异，我对这个结果是否值得我
们对其寄予足够的信心表示怀疑。最后，问题解决之后，要

---

[1] 一个主要的问题在于明确美国的黄金存量将如何处置。我之前的粗略估计回
避了这个问题。然而，对于一个完整的解决方案，我们不能这样做。黄金和白银的需
求函数考虑的是年需求量，并且我们需要将需求函数与年供应量等同起来。这意味
着，我们需要将美国每年从其存量中向世界其他地区投放的黄金总量加入全球总产
量。我认为，除了纯粹的武断假设之外，没有任何方法来估计年投放量。

[2] 从拟合程度上看，计算得到的非货币黄金的需求函数和得到的非货币白银的
需求函数一样令人满意，但从经济逻辑上看，事情并不是这样。对数和线性需求函数
如下：

$$\log WGNM = \frac{4.34 + 0.555 \log WI - 0.077 \log RPS - 0.259 \log RPG}{(13.2) \quad (10.0) \quad\quad (1.4) \quad\quad\quad (4.5)} \tag{A14}$$

$$WGNM = \frac{169.862 + 3.08\, WI - 8.721 RPS - 1.482 RPG}{(4.2) \quad\quad (9.0) \quad\quad (0.8) \quad\quad (2.8)} \tag{A15}$$

此处，WGNM 表示世界上非货币使用的黄金的需求。与白银一样，两个方程都出现
了较高的多重相关性（对数方程的调整后 R^2 为 0.98，线性方程为 0.97），以及相对
较小的标准误差。对数系数的标准误差是 0.031。无论分母是算术平均数还是几何平
均数，线性方程相应估计值的变异系数都为 0.037。引述的美国黄金作用委员会的报
告第四章的附录（1982，第 176－177 页）报告了 1950—1980 年和 1969—1980 年期
间美国工业用黄金需求与其他变量之间的对数线性估计值。其自变量在概念上与我所
使用的相同：黄金的实际价格、白银的实际价格和实际收入。二者均利用两种不同的
平减指数来估算实际价格：美国批发价格指数和世界消费者价格指数。这两组等式之
间的差别在于，较长时期的分析只使用了美国的收入，而较短时期的分析则使用了三
个替代的实际收入变量：七大工业国家、美国和世界。使用美国收入的四个等式的估
计都给出了白银实际价格的负系数，尽管这四个等式中只有一个接近统计意义上的显
著水平。另外，其他四个等式（都采用较短的时期）的系数都是正的，与理论预期一
致，但没有一个是显著的。这些证据显然无助于解决这个难题。

得到联立解尚需要以美国的价格水平来解一个四次方程。

因此，我处于一个两难境地：我对自己所做的工作并不满意，但对最明显的替代方案——简化的一般均衡分析则更为不满。一个全面的一般均衡分析不仅要包含我完全忽略的黄金和白银产量的决定因素，而且要包含黄金和白银生产中用于货币和非货币用途的比例的决定因素。建立这样一个扩大的一般均衡模型将是非常费力的，并且应该希望不大。在这种情况下，我偏向于忽视足够多的因素，同时承认估计值存在较大的误差，特别是年度变化。

附录 B

A. 变量来源[①]

P	1869—1914 年：Friedman 和 Schwartz（1982，表 4.8）；1865—1968 年：根据 Hoover（1960，第 142 页）反向推断
PS	美国普查局（U. S. Bureau of the Census，1975，第 606 页，ser. 270）。1865—1878 年，原始数据以黄金美元计价。通过乘以货币黄金价值的倒数调整为绿背美钞价格；来自 Warren 和 Pearson（1933，第 351 页，表 69）
WMG/WNMG	U. S. Commission on the Role of Gold（1982，第 198 页，表 SC 7）
UMG	U. S. Commission on the Role of Gold（1982，第 203 页，表 SC 9）；1865—1877 年将 1865—1878 年 6 月 30 日数据的 2 年移动平均值从 6 月 30 日移至 12 月 31 日
EWMG	＝WMG－UMG
RPG	1865—1878 年：货币黄金价值的倒数（来自 Warren and Pearson［1933，第 351 页，表 69]）乘以黄金的法定价格（20. 671 83 美元）除以 P；1879—1914 年：法定价格除以 P

---

① 变量的数据来源根据各变量在附录 A 中出现的顺序排序。

续表

UKP	1868—1914 年：Friedman 和 Schwartz（1982，表 4.9）；1865—1867 年：根据 Deane（1968）隐含的自 1868 年以来的价格指数推断
SPROD	Warren 和 Pearson（1933，第 139 页，表 24）。1865—1875 年：根据 5 年居中平均做线性插值。之后的数据，采用表格中的数值
EWMDS	Drake（1985，第 208-209 页，表 A）在铸币局年度报告的基础上给出了连续 5 年期的估计值。我简单假设在这 5 年中，每一年的累积量都是一样的。这些数值比较小，因此这一假设不会引入太多的误差。但是，我怀疑最初的估计值已包含了较大的误差
UMDS	根据 1873 年 2 月 12 日、1875 年 1 月 14 日、1878 年 2 月 28 日、1890 年 7 月 14 日的白银购买法案购买，数据来自美国财政部部长报告（1899，第 207 页）。对于前两个购买法案，仅有总量数据。我假设在每个法案生效的期间每个月的购买总量均相同。对于最后两个法案，根据 1878—1894 财年给出了相应的数据。对于之后的年份，我以美国财政部部长报告（1928，第 552-553 页）中的银元和白银辅币的美元存量除以法定价格估计了白银的物理存量（这使得白银辅币的总量略有降低），并求差分以得到年度购买量。当财政部购买白银时，它以市场价格支付，但是以货币白银的法定价格确定其价值。这也就是白银的物理存量可以通过货币存量除以法定价格得到的原因。纳入对白银辅币不同的处置方法有些粗糙，但涉及的总量较小，因此并没有引入较大的误差。以上得到的最终估计值是根据每年于 6 月 30 日结束的财年计算的，而 SPROD 和 EWMDS 是按自然年统计的，因此我利用 2 年移动平均方法将这些数据转换为自然年数据
UMG $	1879—1914 年：Friedman 和 Schwartz（1963，第 130-131 页，表 5）；1866—1878 年：由安娜·施瓦茨根据统一数据来源计算
UM	Friedman 和 Schwartz（1982，表 4.8）
y	Friedman 和 Schwartz（1982，表 4.8）
V	等于 Friedman 和 Schwartz（1982，表 4.8）中的名义收入除以 UM
WI	等于 Warren 和 Pearson（1933，第 85-86 页，表 12）中的世界物理产出总量的指数数据（1880—1914 年＝100）除以 2

B. 符号使用

EWMDS	世界其他地方白银实际货币需求量（外部）
EWMG	世界其他地方实际货币黄金存量
k_1	等于 SPR · (y/V)
k_2	等于 SPROD－EWMDS－58.28－2.13WI－0.88RPGH
LP	白银的法定价格
P	美国的价格水平
PHN	假设价格水平的简单估计
PH16	基于 16∶1 的金银比价的假设价格水平
PS	白银的名义价格
RPG	黄金的实际价格
RPGH	假设的黄金实际价格
RPS	以 1929 年美元计价的白银的实际价格
RPSH	假设的以 1929 年美元计价的白银的实际价格
RPSH16	基于 16∶1 金银比价的假设的白银实际价格
SNM	可供非货币白银总量
SPR	硬币储备比率
SPROD	白银总产量
UKP	英国价格水平
UKPH	假设的英国价格水平
UMDS	美国每年对白银的实际货币需求量
UMDSH	假设的美国每年对白银的货币需求量
UMG	以盎司计算的美国货币黄金存量
UMG\$	以美元计算的美国货币黄金存量
UMGR\$	以 1929 年美元计算的美国货币黄金存量
UMS	美国货币白银的实际存量
UMSH	假设的美国货币白银存量
V	美国货币流通速度
WI	世界实际收入（包括美国）
WMG	世界货币黄金
WNMG	世界（包括美国）非货币黄金需求量
x	等于 RPSH
y	美国实际收入

参考文献

Barnett, Paul S. "The Crime of 1873 Re-examined. " *Agricultural Hist.* 38 (July 1964): 178 - 181.

Bryan, William Jennings. *The First Battle: A Story of the Campaign of 1896.* Chicago: Conkey, 1896.

Deane, Phyllis. "New Estimates of Gross National Product for the United Kingdom, 1830 - 1914. " *Rev. Income and Wealth* 14 (June 1968): 95 - 112.

Drake, Louis S. "Reconstruction of a Bimetallic Price Level. " *Explorations Econ. Hist.* 22 (April 1985): 194 - 219.

Fisher, Irving. *The Purchasing Power of Money: Its Determination and Relation to Credit, Interest and Crises.* New York: Macmillan, 1911.

Friedman, Milton. "Bimetallism Revisited. " *J. Econ. Perspectives* 4 (Fall 1990).

Friedman, Milton, and Schwartz, Anna J. *A Monetary History of the United States, 1867 - 1960.* Princeton, N. J. : Princeton Univ. Press (for NBER), 1963.

_____ . *Monetary Trends in the United States and the United Kingdom: Their Relation to Income, Prices, and Interest Rates, 1867 - 1975.* Chicago: Univ. Chicago Press (for NBER), 1982.

Hoover, Ethel D. "Retail Prices after 1850. " In *Trends in the American Economy in the Nineteenth Century.* Studies in Income and Wealth, vol. 24. Princeton, N. J. : Princeton Univ. Press (for NBER), 1960.

Jastram, Roy W. *Silver: The Restless Metal*. New York: Wiley, 1981.

Laughlin, James Laurence. *The History of Bimetallism in the United States*. New York: Appleton, 1886; 2d ed. , 1896.

Linderman, Henry R. *Money and Legal Tender in the United States*. New York: Putnam, 1877.

National Executive Silver Committee. *Silver in the Fifty-first Congress*. Washington: Gray, 1890.

Nugent, Walter T. K. *Money and American Society, 1865 – 1880*. New York: Free Press, 1968.

O'Leary, Paul M. "The Coinage Legislation of 1834. " *J. P. E.* 45 (February 1937): 80 – 94.

——. "The Scene of the Crime of 1873 Revisited: A Note. " *J. P. E.* 68 (August 1960): 388 – 392.

Reagan, John H. Testimony. *Congressional Record*. 51st Cong. , 1st sess. , 1890. Vol. 21, pt. 3.

Ricardo, David. *Proposals for an Economical and Secure Currency*. 1816. In *The Works and Correspondence of David Ricardo*, vol. 4, *Pamphlets and Papers, 1815 – 1823*, edited by Piero Sraffa. Cambridge: Cambridge Univ. Press (for Royal Econ. Soc.), 1951.

——. "Evidence on the Resumption of Cash Payments. " Testimony before a committee of Parliament. 1819. In *The Works and Correspondence of David Ricardo*, vol. 5, *Speeches and Evidence*, edited by Piero Sraffa. Cambridge: Cambridge Univ. Press (for Royal Econ. Soc.), 1952.

236

Rockoff，Hugh. "The 'Wizard of Oz' as a Monetary Allegory. " *J. P. E.* 98 （August 1990）: 739 - 760.

Rolnick，Arthur J. , and Weber，Warren E. "Gresham's Law or Gresham's Fallacy?" *J. P. E.* 94 （February 1986）: 185 - 199.

Stewart，William M. "Silver the Money of the People. " In *Papers and Addresses before the First National Silver Convention*, edited and compiled by E. A. Elliott. St. Louis: Buxton & Skinner，1889.

U. S. Bureau of the Census. *Historical Statistics of the United States , Colonial Times to 1970*. Bicentennial ed. Washington: Government Printing Office，1975.

U. S. Commission on the Role on Gold in the Domestic and International Monetary Systems. *Report to the Congress*. Vol. 1. Washington: Government Printing Office，March 1982.

U. S. Secretary of the Treasury. *Annual Report of the State of the Finances for the Fiscal Year Ended June 30 , 1899*. Washington: Government Printing Office，1899.

＿＿＿ . *Annual Report for 1928*. Washington: Government Printing Office，1928.

Walker，Francis A. "The Free Coinage of Silver. " *J. P. E.* 1 （March 1893）: 163 - 178.

＿＿＿ . *International Bimetallism*. New York: Holt，1896.

Warren，George F. , and Pearson，Frank A. *Prices*. New York: Wiley，1933.

后　记
——作为微观经济学家的米尔顿·弗里德曼*

加里·贝克尔

在本文中，我将围绕作为微观经济学家的米尔顿·弗里德曼这一主题展开我的讨论。正如我要呈现的，弗里德曼在这一领域做出了重要的贡献，并且他至今在芝加哥大学最著名的课程是为期两个学期的关于价格理论的研究生连续课程。鲍勃·卢卡斯（Bob Lucas）、我、舍温·罗森（Sherwin Rosen）、吉恩·法马（Gene Fama）以及其他很多在他任教期间在芝加哥大学求学的人都记得这一门对我们学习经济学影响巨大的课程。

一、弗里德曼方法的基础

弗里德曼的微观经济学方法显著地区别于当时甚至现在

　　＊ 本文基于 2007 年 1 月 5 日在美国经济学会会议上的发言。

的典型方法。在给出具体例证之前，我先描述一下他在微观经济学研究和教学中常使用的几个假设。

（1）弗里德曼并没有在所运用的经济学工具上对微观和宏观做出显著的区分。正如在他关于教育回报、消费函数或者自然失业率的讨论中所展现的那样，他可以在二者之间无缝穿梭。

（2）与之密切相关的是，弗里德曼并没有对局部均衡分析和一般均衡分析做出明确的概念性区分。所谓的局部均衡分析，以对小汽车的需求为例，小汽车市场会受到如汽油市场或公共汽车市场等其他市场的影响，后者的变化与小汽车市场的变化是相关联的。这就是我所说的"实证驱动"的一般均衡分析。类似地，通常所说的一般均衡分析实际上忽略了许多其他市场的潜在影响，这些影响被假定为对分析中的几个市场没有显著的反作用。这些被忽略的影响通常包括税率的变化、政府支出水平的变化以及偏好和技术的内生变化。

（3）我在此恰当地使用了"市场"一词，因为弗里德曼的微观和宏观方法强调的是市场和市场均衡而不是个人或个人选择。当然，他通常从个人选择出发开始分析，因为他相信这对于思考市场如何对各种刺激做出反应具有启发性。同时，他也承认并不是每个人都可以做出完美的最大化决策，部分人甚至还会犯先验的错误。但是，他相信这些在理解市场表现时会在很大程度上被抵消。总的来说，我相信这一立场对于绝大多数情形来说都是正确的。

（4）弗里德曼感兴趣的不是理论本身，而是把理论作为解释直接市场和间接市场行为的工具。因此，他的理论是以解释真实世界中所发生的事情为导向的。毕竟，他是他所处的那个时代的一位杰出统计学家和数据分析家，并且他在经济理论的分析工作中进一步运用、积累了这些技能。

（5）弗里德曼坚信要描述政府政策应该如何，首要的是了解市场是如何运行的，包括市场参与者如何对针对他们的激励做出反应。但一旦他认为他确实理解了这些反应，他不会在建议政府应当如何行动方面有所迟疑。

二、一些微观领域的贡献

所有上述特征都在弗里德曼的各种经济学著作中得到体现。在此，我将尝试通过对他对微观经济学所做出的一些重要贡献的简要讨论来展示这一点。首先，从他的第一部重要的经济学著作开始：《来自独立专业活动的收入》（*Income from Independent Professional Practice*，National Bureau of Economic Research，NBER，1945）。尽管这本书是与西蒙·库兹涅茨（Simon Kuznets）合著的，书的前言勾勒了弗里德曼的贡献——应该是因为这是他在哥伦比亚大学的博士学位论文——我的讨论将围绕这些展开。这是一项开拓性研究，在他的整个职业生涯初期阶段展现了我所说的指导他的研究工作的各项原则。作为一项出色的实证研究，该书引入了持久收入的概念来分析专业从业人士收入的稳定性，是有关教育回报的人力资本分析的早期成果，也可能是第一个关于工会的职业准入限制以及工会对报酬的影响的定量研究。

弗里德曼分别计算了进入医药、牙科以及工程行业的收入回报。他得出结论，得益于美国医学会（American Medical Association，AMA）通过对医生执照的控制来对行业准入施加限制，医药行业从业者享有较高的额外收入回报。该项研究在 NBER 的出版曾被搁置数年，也导致弗里德曼在哥伦比亚大学的学位证书因此而被耽搁，其原因是 AMA 委员会的一名委员反对这项研究的结论以及弗里德曼针对 AMA 的作为所做的分析。弗里德曼拒绝对此做出妥协，最终达成的折中方案是出版的版本附上了这名持反对意见的委员在很大程度上并不相关的评论。

持久收入的概念是作为对所分析的三个不同职业领域的个人收入中持续发生部分的大小以及这一持续性在不同职业领域间的差异程度的一种估计而被引入的。他使用所观察年份中各个不同职业个人收入的协方差结构来估计个人收入在未来年份中可以期待的水平。

当然，弗里德曼最为重要的对持久收入概念的运用并不是在这本关于职业收入的书里，而是在他在这之后 12 年出版的经典著作《消费函数理论》（*Theory of the Consumption Function*，Princeton University Press，1957）中。对于我来说，关于消费函数的这本书是他最具有开创性和最完备的分析。在那里，他将基于持久收入而非现时收入概念的前瞻性收入行为与一个欧文·费雪式的关于消费和持久收入的分析以及关于理论概念与实证数据之间如何匹配的计量经济学分析结合起来。

其中的计量经济学分析是基于含误差变量分析（errors-in-variable analysis），这有赖于弗里德曼作为统计学家的技术能力。绝大多数经济学家并没有意识到他的第一篇重要论文并不是关于经济学的，而研究的纯粹是一个关于非参数统计的问题：数据分析中的秩。该文发表在 1937 年的《美国统计学会学刊》上 ["The Use of Ranks to Avoid the Assumption of Normality Implicit in the Analysis of Variance." *Journal of the American Statistical Association* 32 (September 1937)：657 - 701]。

弗里德曼在这本关于消费函数的书中对消费和收入的关系的分析本质上推翻了至当时为止在比较不同职业、黑人和白人、乡村居民和城市居民以及总收入和总消费时的几乎全部声称的各种相关发现，后者典型地基于未经修饰的凯恩斯式方法。因为弗里德曼和我共同发表了一篇论文 ["A Statistical Illustration in Judging Keynesian Models" (1957)，已收入本书]，我也略微被牵涉入对这一方法的反击中；这篇文章构建了消费和持久收入之间的关系以抨击对这一关系的凯恩斯主义分析以及该关系对凯恩斯式世界图景的含义。

我希望就弗里德曼对另一个非常不同的领域的贡献说几句话：不确定性下的选择和期望效用理论。弗里德曼和萨维奇在 20 世纪 40 年代末发表了一篇具有影响力的研究论文 ["The Utility Analysis of Choices Involving Risk" (1948)，已收入本书]，该研究利用了当时新近重新兴起的约翰·冯·诺依曼和奥斯卡·摩根斯坦构建的期望效用理论来解释为什么大部分人一边买保险一边参与冒险。他们最终得出了一个在某些区域是凹的而在某些区域又是凸的效用函数。在他们简要的解释里，从凹的部分向凸的部分的移动对应的是从较低的社会等级向较高的社会等级的迁移。

一个人显然有激励尝试参与那些可以将自己移出凸区域的赌博或者彩票购买行为，因为在该区域其收入的边际效用是增加的。在弗里德曼和萨维奇的文章发表之后不久，弗里德曼的学生哈里·马科维茨（Harry Markowitz）引入了"参照点"（reference point）的概念。这意味着当个人的惯常或持久收入提升或下降时，效用函数也会上下移动。马科维茨同时在参照点附近引入了"损失厌恶"（loss aversion）的概念，减弱了赌博的激励。此外，他也做出了其他方面的创新，对所谓不确定性下选择的行为模型的后续发展有着巨大影响力。

弗里德曼自己所采取的不同方法尽管影响力小一些，但我相信也是极为重要的。在之后的论文［"Choice, Chance, and the Personal Distribution of Income." *J. P. E.* 61（August，1953）：277－290］中，利用效用函数位于凸区域的人会参与公平甚至一些非公平的赌博这一推理背后的含义，他导出了关于个人收入分布的最早的内生理论之一。在他的理论中，最终的均衡收入分布在一定程度上基于初始收入分布而定，但对于对参与那些可以使其脱离某些初始收入区域的冒险行为的激励也保持敏感。我相信这一方法相当具有洞察力，并且值得更多地加以考察。对弗里德曼在内生收入分配理论方面的洞察的跟进工作包括舍温·罗森［"Manufactured Inequality." *Journal of Labor Economics* 14（April 1997）：189－196］以及凯文·M. 墨菲（Kevin M. Murphy）、伊凡·沃宁（Iván Werning）和本人的论文［"The Equilibrium Distribution of Income and the Market for Status." *J. P. E.* 113（April 2005）：282－310］。

三、公共政策

最后，我将就弗里德曼的诸多具有创造性和影响力的政策建议简单说几点，包括《资本主义与自由》（*Capitalism and Freedom*，University of Chicago Press，1962）一书以及他的其他政策性著作涉及的一些内容。这些政策建议主要基于两个我认为与理解人们的行为高度相关的基本原则。其一是基于大量事实证据的关于各行各业的竞争总体上为消费者带来益处的信念。其二是在绝大多数情况下个人相比政府和其他任何人都对自身利益有更好的了解的主张。

弗里德曼最著名的建议可能是与教育券制度相关的建议["The Role of Government in Education." in *Economics and the Public Interest*，edited by Robert A. Solo（Rutgers University Press，1955）]。他的这篇论文于 1955 年发表时震动了很多人。根据他的论文，政府应当为从幼儿园至 12 年级的教育提供资金，但是政府应该向家长发放教育券，让他们决定是将这些教育券花在公立学校还是私立学校上。通过这种方式，教育产业可以引入更为充分的竞争，这有助于教育机构开发更符合家长和学生而不是教师和职业教育者的利益的课程计划。世界一些地方已经采用了这一教育券制度，在美国的使用也在缓慢推进中。

弗里德曼也支持志愿军，那样年轻人就可以根据自己的喜好选择职业，而不是依政府法令被迫参军或服役。显而易见，他是盖茨委员会（Gates Commission）于 1970 年发布其报告时最有影响力的人物。这份报告成功推动了采用全面志愿役的武装力量来取代征兵。

弗里德曼是最早倡导采用单一收入税的人之一，认为单一收入税可以减少因逃税和避税而耗费的资源，并减少高边际税对工作和休闲时间配置所造成的扭曲。但是，因为税收的边际无谓成本会更低，他可能更担心单一税会诱发高税率。

与20世纪50年代认为弹性汇率并不稳定的流行看法相反，弗里德曼挺身支持弹性汇率。最终，20世纪70年代早期，芝加哥期货交易所外汇远期市场的发展（弗里德曼在其中扮演了重要角色）从经验上证明了弹性汇率总体上是一个稳定并且具有吸引力的系统。

再提其他一些重要但有争议的观点。弗里德曼反对工会并不是因为他认为它们导致了通货膨胀——其他人常常如此认为——而是因为它们导致了劳动力在不同活动间的错误配置。他希望建立一个单一的个人退休账户制度来取代现收现付（pay-as-you-go）的社会保障体系，因为他认为后者减少了工作机会并且扭曲了个人的退休和其他决策。他支持负所得税制度（negative income tax system），例如劳动所得税抵免制，而不是福利制度，因为负所得税在家庭劳动和市场劳动之间引起的扭曲更小。

四、结论

现在要准确评价米尔顿·弗里德曼在经济科学史上的地位还为时尚早。但是，毋庸置疑，他是20世纪最具影响力的经济学家之一。他的影响力部分来自他对自由市场政策的深刻分析和全力拥护。但是，他的影响力也来自他在经济科学中的诸多创新。我只是对当中一些领域的一小部分做了介绍，但仅这一小部分就展示了弗里德曼思想的力量及洞察力，他对经济学的理解，以及他为联结经济学理论和实证证据所做的孜孜不倦的努力。

图书在版编目（CIP）数据

风险、货币与通货膨胀/（美）米尔顿·弗里德曼著；
林江，贾浠方译 . --北京：中国人民大学出版社，2023.5
（诺贝尔经济学奖获得者丛书）
书名原文：Milton Friedman on Economics：Selected Papers
ISBN 978-7-300-31370-2

Ⅰ. ①风… Ⅱ. ①米… ②林… ③贾… Ⅲ. ①经济学
-文集 Ⅳ. ①F0-53

中国国家版本馆 CIP 数据核字（2023）第 030401 号

"十三五"国家重点出版物出版规划项目
诺贝尔经济学奖获得者丛书
风险、货币与通货膨胀
米尔顿·弗里德曼 著
加里·贝克尔 后记
林 江 贾浠方 译
张永军 校
Fengxian、Huobi yu Tonghuo Pengzhang

出版发行	中国人民大学出版社	
社 址	北京中关村大街 31 号	**邮政编码** 100080
电 话	010 - 62511242（总编室）	010 - 62511770（质管部）
	010 - 82501766（邮购部）	010 - 62514148（门市部）
	010 - 62515195（发行公司）	010 - 62515275（盗版举报）
网 址	http://www.crup.com.cn	
经 销	新华书店	
印 刷	涿州市星河印刷有限公司	
开 本	720 mm×1000 mm 1/16	**版 次** 2023 年 5 月第 1 版
印 张	16.5 插页 2	**印 次** 2023 年 5 月第 1 次印刷
字 数	166 000	**定 价** 68.00 元